la guía de vinos 2026

la guía de vinos 2026

100 VINOS QUE NO TE PUEDES PERDER

Lluís Tolosa

Ferran Centelles

Meritxell Falgueras

María José Huertas

Alicia Estrada

Zoltan Nagy

Título: La Guía de Vinos 2026. 100 vinos que no te puedes perder

La Vanguardia Ediciones, S.L.
Diagonal, 477
08036 Barcelona

Primera edición, enero 2026

ISBN: 978-84-18604-65-2
Depósito Legal: B 1332-2026

Dirección: Lluís Tolosa
Foto portada: © Copyright David Crockett 2018
Maquetación de portada: Mònica Caparrós
Maquetación de interiores: redoble.studio

ÍNDICE

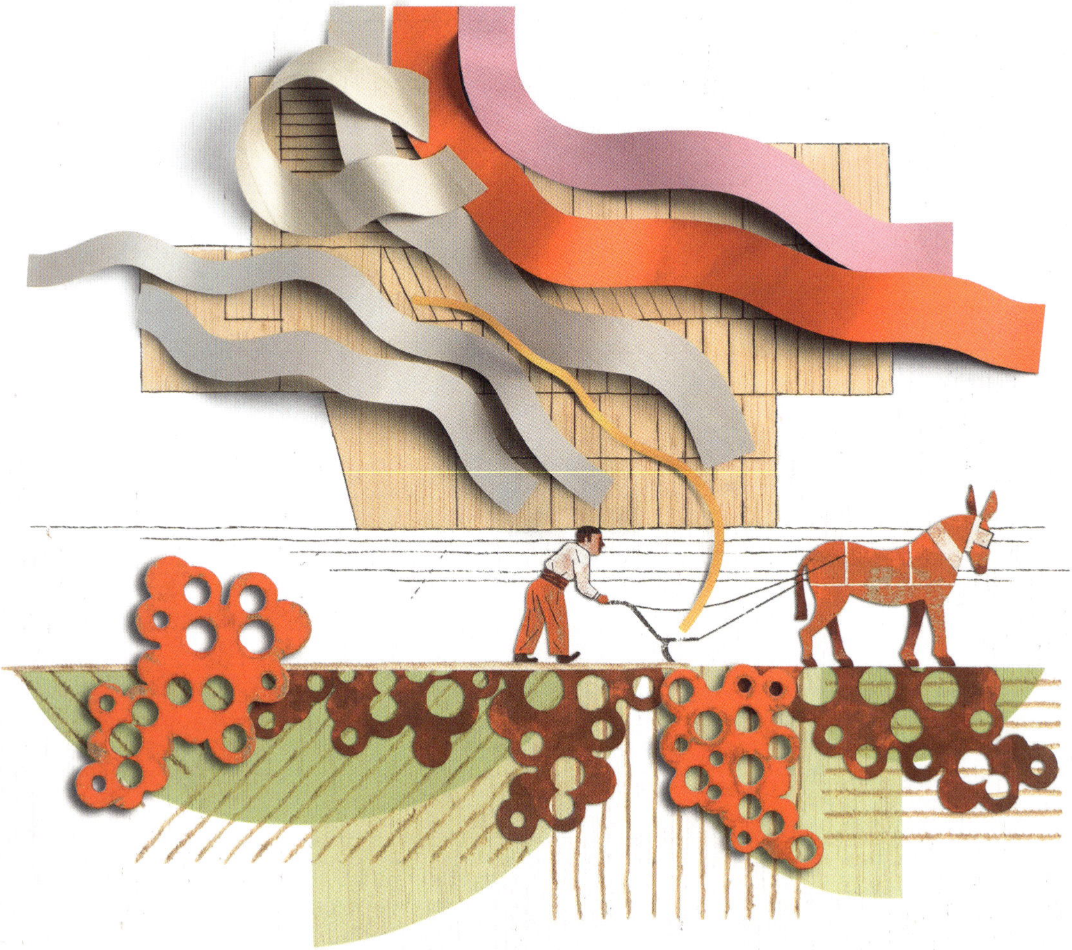

10 RAZONES PARA ELEGIR ESTOS 100 VINOS

Esta **sexta edición** de 'La Guía de Vinos' de La Vanguardia es la más amplia y variada hasta el momento, con gran diversidad de estilos de vinos, muchos de ellos de pequeñas denominaciones de origen.

Nuestros **100 vinos imprescindibles** son más personales que nunca, por eso cada autor firma sus recomendaciones. Si los destacamos por su finca excepcional, es que realmente son excepcionales. Cuando los elegimos por su excelente relación calidad-precio, es que realmente valen más de lo que cuestan.

Como cada año, argumentamos cuáles son nuestras **10 razones** para elegir cada uno de estos **100 vinos que no te puedes perder**, con la colaboración de nuestros autores: Ferran Centelles, Meritxell Falgueras, María José Huertas, Alicia Estrada, Zoltan Nagy y yo mismo.

Lluís Tolosa
Director de 'La Guía de Vinos' de La Vanguardia

por su grandeza

Entre nuestros vinos seleccionados **por su grandeza**, dos de ellos han recibido dos de nuestros principales premios:

Premio Mejor Vino Tinto para La Condenada 2023 (DOCa Rioja), muy bien explicado por Alicia Estrada, porque representa la otra Rioja, más pequeña, humilde y modesta, en este caso profundamente representativa de la tipicidad de la Rioja Alavesa.

Premio Innovación para el nuevo Risk All de Marqués de Riscal, cuyo nombre describe toda su esencia: "*Arriesgar desde 1858 nos ha llevado a ser el mejor viñedo del mundo*", reconocida como la 'Mejor Campaña de Marketing Nacional' en los prestigios premios International Wine Challenge (IWC).

Premio Identidad Vitivinícola para Masia Serra, por representar la identidad y la calidad de los vinos del Empordà, defendiendo su identidad propia y su libertad creativa.

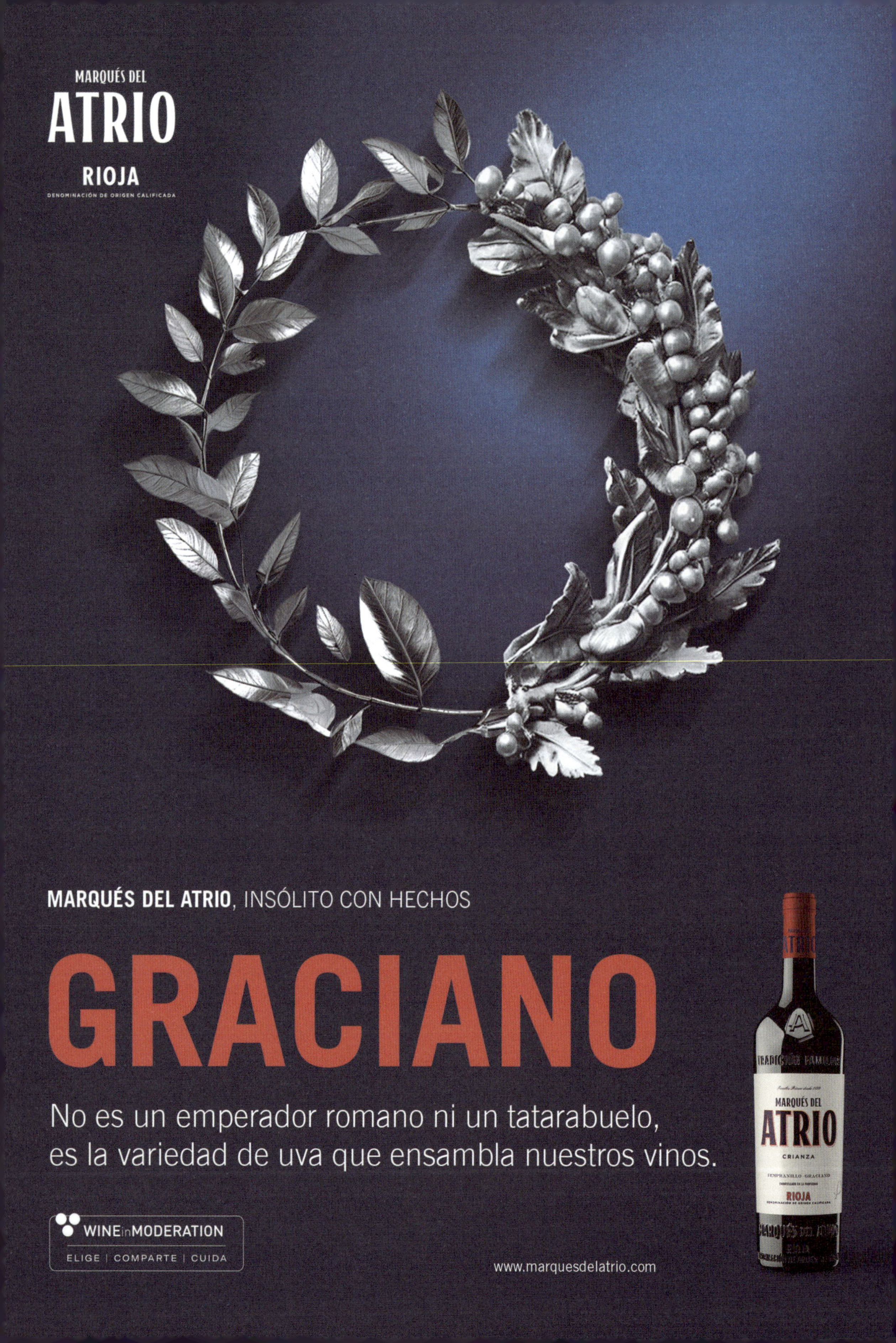
MARQUÉS DEL
ATRIO
RIOJA
DENOMINACIÓN DE ORIGEN CALIFICADA
MARQUÉS DEL ATRIO, INSÓLITO CON HECHOS
GRACIANO
No es un emperador romano ni un tatarabuelo,
es la variedad de uva que ensambla nuestros vinos.
WINE in MODERATION
ELIGE | COMPARTE | CUIDA
MARQUÉS DEL
ATRIO
CRIANZA
RIOJA
www.marquesdelatrio.com

99
LA VANGUARDIA
PUNTOS

La Condenada 2023

DOCa RIOJA. ARTUKE (Baños de Ebro, Álava) Tempranillo, graciano, garnacha, palomino 12 meses 90€

Más allá de las grandes bodegas diseñadas por notables arquitectos, más allá de las grandes producciones y las marcas universalmente conocidas, hay otra Rioja del vino, modesta y más pequeña, fruto del trabajo de artesanos y viticultores capaces de restar del vino lo obvio y quedarse solo con lo significativo, lo auténtico, lo esencial... No es fácil hacer estos viajes cuando uno solo dispone del equipaje justo, de ahí que cuando te topas con un gran vino hecho desde la humildad de quien solo aspira al trabajo bien hecho, admiras aún más esa esencialidad tan difícil de conseguir. Algo así me pasó con este vino.

La Condenada procede de una única finca que la familia De Miguel rescató del abandono, una viña plantada en 1920 que en 2012 dormía soledades. Apenas llega a una hectárea de terreno en la que pugnan cuatro variedades, y para colmo de miserias el suelo de la viña es arenoso, una rareza por estas tierras, que le aporta sin embargo carácter y una sutil mineralidad.

Persiguiendo la tipicidad de la Rioja alavesa, el racimo fermenta entero, buscando mostrar de forma transparente el carácter de la viña, por eso la crianza se realiza en madera usada. El resultado es un vino desnudo, esencial, sin maquillajes, fresco, cargado de fruta roja, con unos toques de crianza que no ocultan nada, que enfatizan la fruta y suman al vino emoción. Al menos una vez en la vida hay que permitirse el regalo de la autenticidad. Es otra forma de quererse.

Alicia Estrada

99
LA VANGUARDIA
PUNTOS

Finca Las Dueñas 2022

DO RIBERA DEL DUERO.
FRANCISCO BARONA (Roa, Burgos) 100% tinta fina
19 meses 92€

La historia de Francisco —un hombre robusto, de manos curtidas, pero de una pasión e inteligencia excepcionales— encaja en uno de los grandes guiones universales: el viaje y el retorno, el del héroe que parte, aprende y regresa transformado.

Francisco volvía de Burdeos, donde había estudiado enología y trabajado en bodegas de prestigio, como los *châteaux* Pavie Macquin y Angélus, además de vivir una etapa en Hartwell (California, hoy Realm Cellars). Con 25 años regresó a Ribera del Duero con la idea de crear su propio vino. Pidió una hipoteca, mientras trabajaba como enólogo en otra bodega, y empezó a comprar viejas viñas casi abandonadas, cepas de otro tiempo, pequeñas, duras, que apenas rendían 1.000 kilos por hectárea. Nadie las quería, se arrancaban para plantar viñas nuevas, emparradas y mecanizables.

Pero él veía potencial donde los demás veían ruina. Su padre, agricultor de toda la vida, no entendía por qué su hijo elegía lo improductivo. Hasta que un día Francisco le dijo: *"Papá, tengo todo el vino vendido"*. Entonces comprendió que en el vino, como en la vida, la grandeza no se mide en kilos, sino en sentimiento, pasión e intuición.

Finca Las Dueñas 2022, desde Anguix (Burgos), merece cada uno de estos 99 puntos. Procede de una parcela de cepas centenarias en vaso plantadas en 1928. Su sabor es profundo y estratificado, poderoso, un diálogo de altura entre fruta madura y madera noble, con notas a trufa negra, mora, clavo y grafito. Nacido de la tenacidad y la fe en uno mismo. Un vino grande, muy grande, en la copa.

Ferran Centelles

La Panesa Especial Fino

DO JEREZ-XÉRÈS-SHERRY.
BODEGAS HIDALDO (Jerez de la Frontera, Cádiz) 100% palomino fino 10-15 años
45€

Pocas veces un fino alcanza la categoría de mito. La Panesa, de Bodegas Hidalgo, no es un fino para cualquiera. No pretende venderse por la novedad, sino por la autenticidad. Es para quienes aprecian lo que la paciencia, la crianza biológica prolongada y la mínima intervención pueden llegar a logra, la máxima complejidad, carácter y sutileza. Los vinos de estas soleras, algunas de 1961, son de reconocido prestigio mundial, realmente únicas por su vejez y calidad.

La Panesa es de color oro viejo, con reflejos cobrizos que ya anticipan su complejidad. En nariz despliega una intensidad notable y bien perfilada, donde destacan las notas a manzana madura, levaduras finas, frutos secos y toques yodados. A esto se le añade un fondo salino que habla del litoral gaditano. En boca es seco, envolvente, largo, con una estructura insólita para un fino, pero sin perder nunca el nervio ni la frescura que definen el estilo de la casa.

Cada sorbo de La Panesa invita a detenerse. Para los amantes de los finos verdaderos, La Panesa es una promesa cumplida y merece un lugar especial entre los 100 vinos imprescindibles de esta guía, tanto por su calidad como por el patrimonio que representa. Acompañadlo con jamón y disfrutad de un maridaje excepcional, o también se puede acompañar con unos boquerones en vinagre. La acidez del fino equilibra la del vinagre y potencia el frescor del pescado azul. Si son boquerones fritos, aún mejor, el vino corta la grasa y deja una sensación de limpieza perfecta tras cada bocado. **Zoltan Nagy**

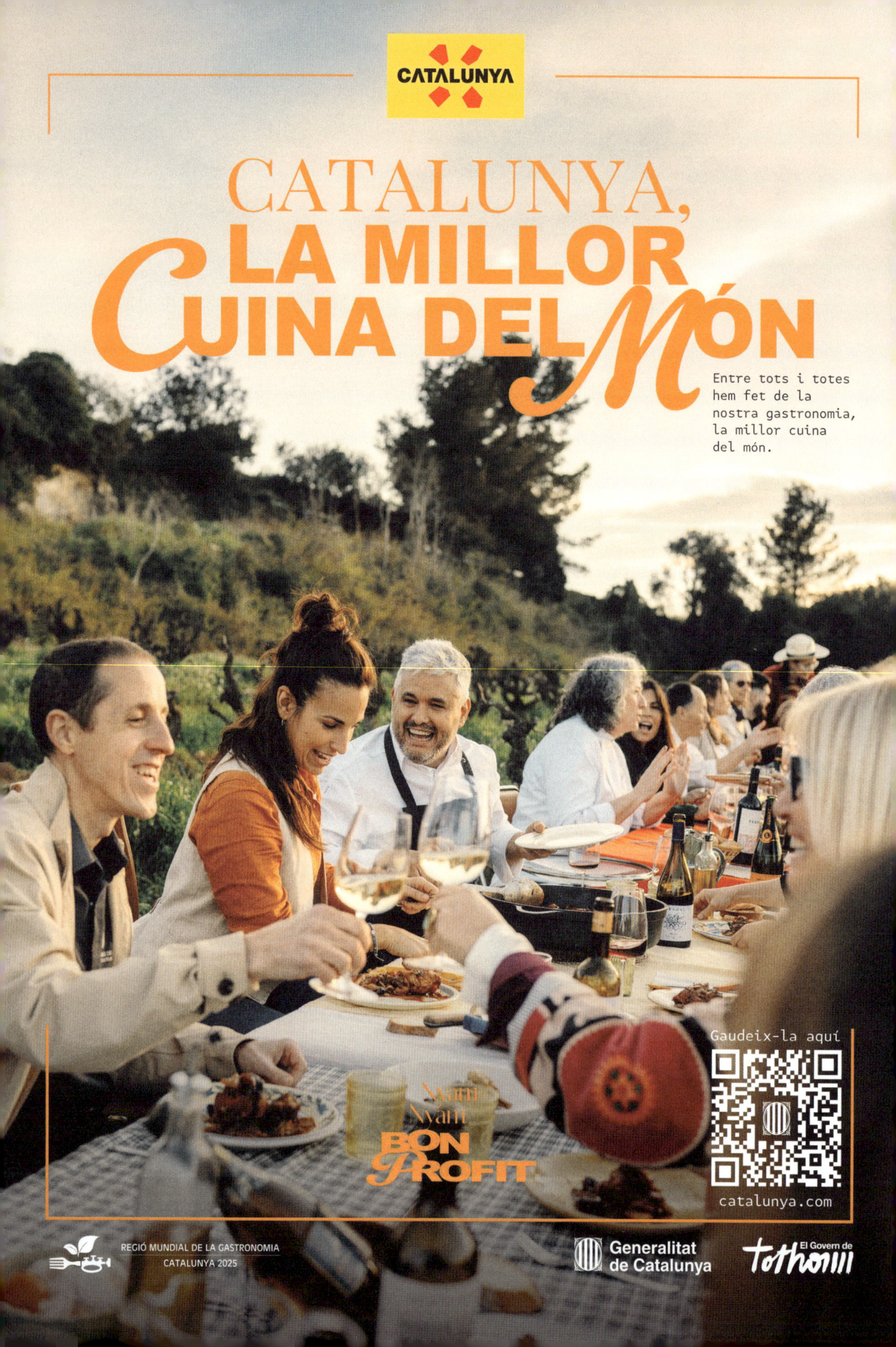
CATALUNYA
CATALUNYA,
LA MILLOR
CUINA DEL MÓN
Entre tots i totes hem fet de la nostra gastronomia, la millor cuina del món.
Gaudeix-la aquí
catalunya.com
Nyam Nyam
BON PROFIT
REGIÓ MUNDIAL DE LA GASTRONOMIA
CATALUNYA 2025
Generalitat de Catalunya
El Govern de tothom

96
LA VANGUARDIA
PUNTOS

Mas La Plana 2015

DO PENEDÈS. FAMILIA TORRES (Pacs del Penedès, Barcelona)
100% cabernet sauvignon
18 meses 108€

Familia Torres ha presentado la segunda edición de su Colección Privada de añadas antiguas, una selección limitada y exclusiva de los vinos más emblemáticos de la bodega, con un mínimo de 10 años de envejecimiento. Mas La Plana, la marca insignia de la bodega del Penedés, es la que ofrece la añada más antigua de la colección, el Mas La Plana 1995, que tras tres décadas de crianza muestra una extraordinaria complejidad. También están disponibles las añadas 2000, 2005, 2010 y 2015, que demuestran su gran capacidad de guarda.

El Mas La Plana nació con la cosecha de 1970. Aquella primera añada supo esperar, demostrar su capacidad de crianza y saltar a la fama al proclamarse vencedor de las Olimpiadas del Vino de París en 1979, organizada por Gault y Millau, los grandes divulgadores de la *nouvelle cuisine*. Se impuso a los vinos más prestigiosos del mundo, en Francia y con un cabernet sauvignon, situando al Penedès en el centro de atención de la alta gastronomía mundial.

En sus inicios incorporaba pequeñas cantidades de tempranillo, pero su variedad principal siempre fue la cabernet sauvignon. Su viñedo también ha ido madurando, desde aquellas primeras viñas plantadas en 1964-1979, que en su día fueron jóvenes e innovadoras. Actualmente son viñas de más de 40 años, incluso de más de 60 años, que cada vez dan más envergadura y profundidad a este histórico cabernet mediterráneo.

Sigue siendo el gran icono de la familia Torres y uno de los primeros grandes vinos modernos catalanes. Con perspectiva de cinco décadas, es uno de los mejores vinos tintos de Catalunya. **Lluís Tolosa**

96
LA VANGUARDIA
PUNTOS

Sesenta e Nove Arrobas 2023

DO RÍAS BAIXAS. BODEGAS ALBAMAR (Cambados, Pontevedra) 100% albariño
24€

¿Sabías que 69 arrobas es la antigua medida gallega de volumen? Quien sabe mucho de esto es la cara visible del proyecto Albamar, Xurxo Alba.

En el valle del Salnés es donde nace todo, este maravilloso albariño, en su forma más pura y desnuda. Este vino empezó a elaborarse en 2014, con apenas 1.000 litros. Hoy la producción ronda los 4.000, pero el espíritu sigue intacto. Fermentación espontánea, crianza larga en acero inoxidable sobre lías finas, sin clarificar ni filtrar, con un mínimo de sulfuroso en el embotellado.

La expresión del vino es compleja, pero sin estridencias. Fruta blanca, piel de cítricos y un fondo marino que no necesita explicación. Cerrando los ojos, te transporta al origen, no hay manera de perderse.

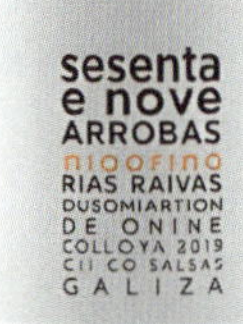

Cero roble, cero maquillaje. En boca es profundo, eléctrico, largo, con textura fina y vibrante que sostiene el vino en el tiempo, con gran potencial de guarda.

Tuve la suerte de volver a encontrarme con este vino recientemente, y como siempre me detuvo. Me obligó a prestarle atención. Hay en él una especie de verdad difícil de encontrar en otros blancos de la zona. Mi vino esencial del año, ya que no solo simboliza una de las más excelsas manifestaciones del albariño en Rías Baixas, sino también porque narra una historia de lealtad a los viñedos viejos. Xurxo, además de en Rías Baixas y Ribeira Sacra, también elabora en Valdeorras.

Para mí esto es un vino 10, un vino Messi. Cada vez que lo he servido, compartido o recomendado, todo el mundo ha elogiado su calidad y han salido del restaurante contentas. Incluso gusta a las personas que por lo general no suelen beber blancos. Por una vez en tu vida ¡hazme caso! **Zoltan Nagy**

95 LA VANGUARDIA PUNTOS

Begoña Jovellar 3er Año 2022

DO RIBERA DEL DUERO. BODEGAS JOVELLAR (Tordesillas, Valladolid)
100% tempranillo **12 meses**
37€

Este es el viaje de Begoña Jovellar a través de vinos inigualables. Después de haber trabajado durante décadas en Vega Sicilia de la mano del mismo Mariano García, Begoña firma este vino de autora seleccionando las mejores uvas de viñedos excepcionales.

Antes esta licenciada en biología era responsable del proyecto de selección clonal de variedades autóctonas de Castilla y León. Ahora la podemos degustar con el proyecto que lleva su nombre y apellido. *"Ver mi nombre en una botella de vino, como marca, representa mucho más que un logro profesional. Es un homenaje a décadas de trabajo, pasión y compromiso"*, declara Begoña Jovellar. Y cuando le pregunto qué le diría a las mujeres que empiezan en este sector me responde: *"A las mujeres que empiezan en este sector, les diría que no tengan miedo a la hora de abrirse camino. El vino es un legado extraordinario y cada una de nosotras tiene algo que aportar"*.

Begoña es una gran conocedora de la zona y aplica técnicas de vinificación fusionando tradición e innovación. De ahí estos aromas a cereza, ciruela, pimienta blanca, canela, cacao y café después de haber estado un año en barricas de 225 litros. Este es su legado en botellas de alta gama con marcada personalidad que te harán soñar, por eso lleva su firma en el centro de la etiqueta. Un viaje de Begoña Jovellar a través de los viñedos más representativos de la Ribera del Duero. **Meritxell Falgueras**

95
LA VANGUARDIA
PUNTOS

Jean Leon Vinya La Scala Gran Reserva 2018

DO PENEDÈS. JEAN LEON (Torrelavit, Barcelona) 100% cabernet sauvignon 24 meses 47€

Cabernet sauvignon histórico, pionero en la concepción de los cabernets mediterráneos. Por eso la etiqueta de esta añada 2018 es una oda a la esencia y riqueza cultural del Mediterráneo. La artista Assumpció Mateu fusiona caligrafías y símbolos como el puente, que representa la unión y el diálogo entre culturas, con los típicos tonos mediterráneos, azul marino y tierra.

Vino de Finca Calificada, la máxima categoría en Catalunya, procede de una pequeña parcela de suelos arcillo-calcáreos de 8 hectáreas plantada en 1963 por Jean Leon y el enólogo Jaume Rovira. Elaborado por la enóloga Montse Escoté, con crianza de 24 meses en barricas de roble francés y 3 años de afinado en botella.

Elegante, estructurado y equilibrado. Predominan los frutos negros maduros, envueltos en notas especiadas, tostadas y balsámicas que le aportan frescura y complejidad. Es largo, complejo, profundo y envolvente, con los taninos redondos y afinados.

Jean Leon tiene una historia de película, una de las mejores historias del mundo del vino. Ceferino Carrión era de Santander, emigró a Estados Unidos en los años cuarenta, trabajó de taxista en Nueva York y de camarero en el Villa Capri de Frank Sinatra, donde entabló amistad con James Dean, Ronald Reagan y otros famosos de la época. En 1956 abrió La Scala, el restaurante más lujoso de Beverly Hills. Años después creó este vino, que se sirvió en la investidura del presidente Ronald Reagan (1985). Jean Leon sabía que solo una familia podía seguir con la leyenda, actualmente la bodega es propiedad de Familia Torres. **Lluís Tolosa**

95
LA VANGUARDIA
PUNTOS

La Gitana Aniversario Manzanilla en Rama

DO MANZANILLA DE SANLÚCAR. BODEGAS HIDALGO (Sanlúcar de Barrameda, Cádiz) 100% palomino fino 29€

La Gitana Aniversario nació para conmemorar los 225 años de Bodegas Hidalgo, cuya historia se remonta a 1792, así que la efeméride se cumplió en 2017, cuando seleccionaron las mejores botas centenarias. Se embotelló algo único, inimitable y absolutamente emocionante.

Los adjetivos que podrían definir esta manzanilla serían exigencia, autenticidad, esfuerzo y perseverancia. Contarán en su elaboración con un personaje experimentado y sabio conocedor como es el capataz, así como con la crianza biológica, donde está la clave, y mucha paciencia.

Es un vino generoso y de crianza biológica, bajo velo de flor. Sus viñedos se asientan en suelos blancos de albariza, fundamentales para darle gran personalidad. En este caso de pagos muy emblemáticos como son los de Balbiana y Miraflores. Disponen de 14 hectáreas de viñedo de palomino fino. El clima es oceánico con influencia continental, que favorece el desarrollo de la vid con veranos muy cálidos y secos, acariciados por la brisa del Atlántico y los vientos de poniente. Una vez fermentado, se fortifica con alcohol vínico hasta 15 grados. La crianza biológica bajo velo se hace en criaderas y soleras de roble americano. La brisa marina y una larga crianza se ocuparán del resto. De color amarillo ligeramente dorado y reflejos ambarinos. En nariz es una explosión de intensidad, muy compleja, donde destacan toques salinos, oleosos, a frutos secos, notas yodadas y almendra cruda. En la boca es seco, rotundo, muy aromático, con final infinito y muchos matices. **María José Huertas**

95
LA VANGUARDIA
PUNTOS

Historia de Santalba 2019

DOCa RIOJA. BODEGAS SANTALBA (Gimileo, La Rioja)
100% tempranillo **17 meses**
65€

Historia de Santalba es la obra cumbre de Santiago Ijalba tras 60 años de experiencia profesional. Su autobiografía, *Memorias del futuro, de la calle de las Cuevas al gran sueño para Haro,* sin duda pone en valor uno de los grandes personajes del sector del vino de Rioja.

En 1962, con apenas 14 años, inició prácticas en una bodega de la Calle de las Cuevas de Haro. Dos años después, por diferentes circunstancias, le pidieron que asumiera la dirección de la bodega, que con los años se convirtió en las conocidas Bodegas Ramón Bilbao, que dirigió durante más de tres décadas, hasta que decidió tomar su propio camino.

En 1998 fundó Bodegas Santalba con su esposa Adelina, hoy con dos de sus hijos incorporados al negocio, Roberto en exportación y Laura en dirección y administración de la empresa. Veinte años después, en 2018, se enteró que aquella antigua bodega de la Calle de las Cuevas donde empezó tan joven, estaba vacía y en venta.

Con más corazón que cabeza, compró el edificio para rehabilitarlo y recuperar la actividad de la Calle de las Cuevas, donde hubo una veintena de bodegas. Es presidente fundador de la Asociación del Barrio de las Cuevas de Haro, que pretende recuperar cerca de 200 cuevas y bodegas subterráneas de los siglos XVII, XVIII y XIX en el centro histórico de Haro.

Tinto de autor, de viñas de más de 80 años en Gimileo, fermentado en bocoyes de 600 litros, con crianza de 17 meses en barrica. Concentrado, profundo y sublime. Fruta negra madura, regaliz y repertorio de notas florales, cacao, laurel y tabaco, con final largo, redondo y mineral. **Lluís Tolosa**

95
LA VANGUARDIA
PUNTOS

Marqués de Riscal Edición Especial Risk All 2021

PREMIO
INNOVACIÓN
LA VANGUARDIA
2026

DOCa RIOJA. Herederos del Marqués de Riscal (Elciego, Álava)
Tempranillo, graciano
20 meses 36€

Absolutamente impresionante: *"Arriesgar desde 1858 nos ha llevado a ser el mejor viñedo del mundo".* Efectivamente, Marqués de Riscal fue la primera gran bodega histórica de Rioja (1858). Su apuesta fue clave para inspirar el Médoc Alavés (1862-1868) que introdujo el método bordelés en Rioja, contratando al prestigioso enólogo francés Jean Pineau. Y fueron el primer vino no francés en ganar el Diploma de Honor de la Exposición de Burdeos (1895).

Un siglo y medio después volvieron a ser los grandes revolucionarios de Rioja al contratar al prestigioso arquitecto Frank Gehry para su hotel concebido como Ciudad del Vino (2006). Fue posiblemente la acción de marketing más trascendente de la historia del vino español. Y ahora vuelven a ser rabiosamente modernos y transgresores con este *Risk All,* magnífico juego de palabras en inglés para reivindicar que son los mejores porque arriesgan.

Marqués de Riscal Reserva Edición Especial 2021 concebido para celebrar el gran galardón que les ha encumbrado como 'Mejor Viñedo del Mundo 2024'. Su imagen nos traslada al universo visual del ilustrador Isidro Ferrer, Premio Nacional de Diseño e Ilustración. Merecidísimo también el premio a la 'Mejor Campaña de Marketing Nacional' en los prestigios premios International Wine Challenge (IWC).

El vino también es extraordinariamente moderno, ligero, suave, con protagonismo de la fruta y la frescura sobre la madera, con finas notas a regaliz, canela, pimienta negra y final balsámico. Sin duda, *los viejos rockeros nunca mueren.*
Lluís Tolosa

93
LA VANGUARDIA
PUNTOS

Gneis 2015

PREMIO
IDENTIDAD VITIVINÍCOLA
LA VANGUARDIA
2026

SIN DO. MASIA SERRA (Cantallops, Girona) 65% merlot, 35% cabernet sauvignon 14 meses 32€

"Después de casi 30 años en la DO Empordà, hemos tomado la decisión de irnos para continuar elaborando vinos con identidad propia y libertad creativa". Es el comunicado oficial de Masia Serra, una de las bodegas que mejor representa la calidad y la identidad del vino en Catalunya.

Para preparar mi *Guia d'Enoturisme de l'Empordà* visité todas las bodegas y caté más de 200 vinos, prácticamente todos los vinos de la DO Empordà. Desde entonces es una de las zonas que más he visitado. Si una bodega me impresionó, fue Masia Serra. Sin dudarlo, pensé que Jaume Serra y Sílvia Vilà estaban haciendo los mejores vinos del Empordà. Además, me encontré varias bodegas que contrataban sus servicios, así que bastantes vinos ampurdaneses han sido concebidos y elaborados por ellos.

Su viñedo entre cipreses es una auténtica Toscana catalana y su apego al territorio es total. Por eso elegí Masia Serra para explicar a un grupo de periodistas desde un helicóptero cómo hay que entender los viñedos y los vinos del Empordà. También recuerdo que Jaume Serra fue el único que me habló de la ambición de elaborar vinos que pudieran mejorar tras 10 o 20 años.

Gneis representa esa ambición. Es un vino de guarda que sale tras una década de crianza y envejecimiento. Maduro, complejo, profundo, envolvente, meditativo, con notas confitadas, balsámicas y minerales, que remiten a su edad y sus suelos graníticos, de ahí su nombre. Se van dolidos, con razón, porque el Gneis 2015 ha sido descalificado en las catas de clasificación de los vinos de la DO Empordà. *Estem ben tocats per la tramuntana.*

Lluís Tolosa

30

por sus variedades autóctonas tintas

Este año destacamos algunas grandes variedades tintas que quizás deberían ser más reconocidas: **monastrell, sumoll y mencía,** además de dos variedades riojanas discretas y valiosas, graciano y tinto velasco.

Premio 25 Aniversario para el Gaintus Vertical de MontRubí (Alt Penedès) que este año cumple 25 añadas de aquella primera añada 2001, el primer monovarietal de sumoll del mundo.

Premio Trayectoria Profesional para el Delfí Sanahuja, uno de los mejores y más discretos enólogos del país, director técnico del Grupo Perelada, con bodegas en Catalunya, Rioja, Navarra, Ribera del Duero y Málaga.

Premio Mejor Proyecto de Enoturismo para Bodegas Barahonda (Yecla), que incluye visitas a la bodega, experiencia de realidad virtual 360o, *wine bar* frente al viñedo y el Restaurante Barahonda con 1* Michelin.

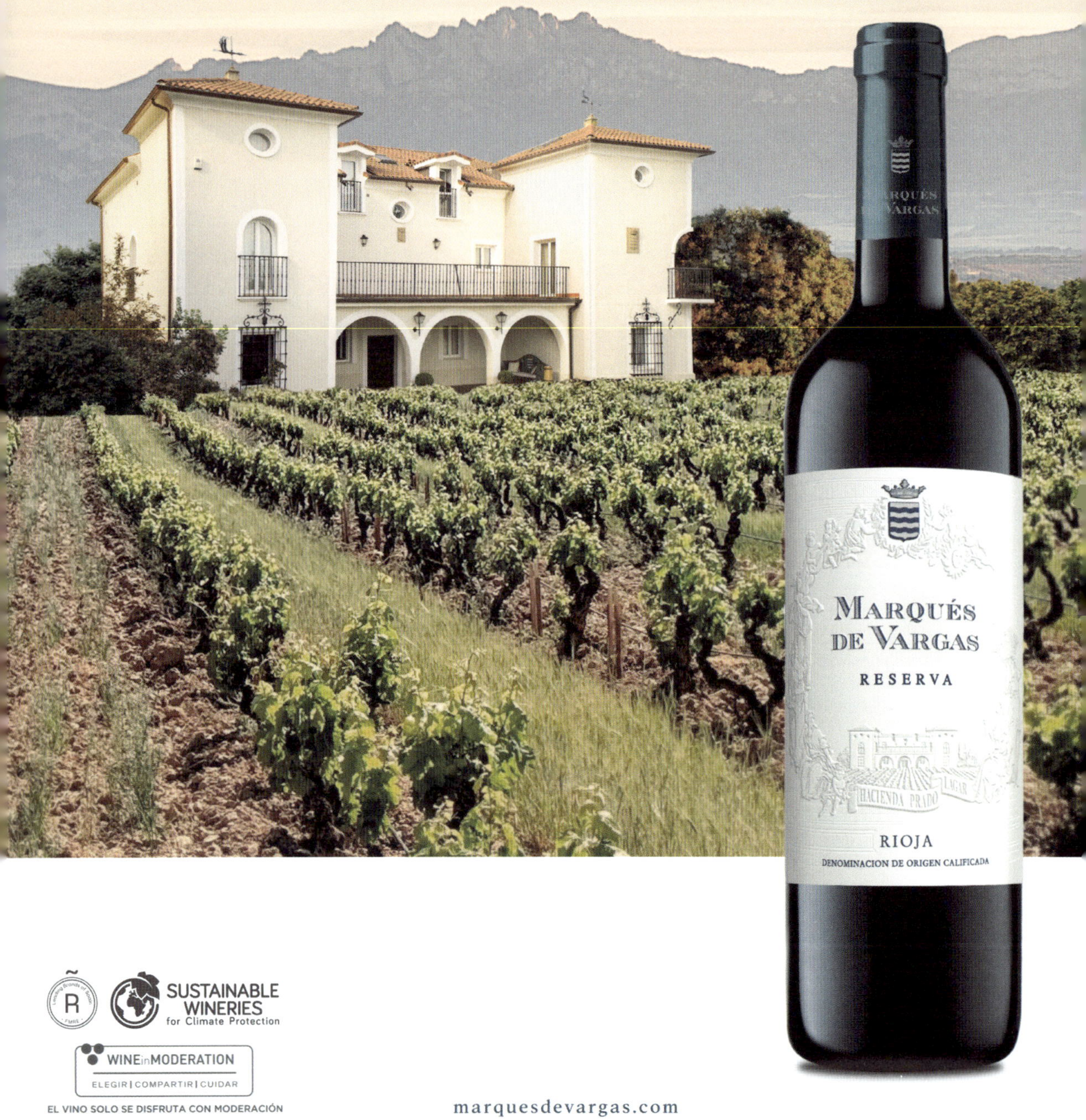

96
LA VANGUARDIA
PUNTOS

Silice Tinto 2017

SIN DO. SILICE VITICULTORES (Sober, Lugo) 100% mencía 14 meses 33€

En la Ribeira Sacra, donde las viñas parecen talladas a mano en la roca y las pendientes se enfrentan al río Miño como terrazas colgadas en el tiempo, Fredi Torres, junto a los hermanos Juan y Carlos Rodríguez, cultivan una visión muy personal del vino gallego.

Silice Viticultores es una declaración de principios: mínima intervención, respeto absoluto por el paisaje, y búsqueda constante de identidad a través de la mencía y otras variedades autóctonas. Fredi, de los viticultores más *cool* que conozco, nació en Galicia, pero creció en Suiza, donde fue músico y DJ. Se formó en la famosa escuela SAE de Zúrich. Su primera experiencia enológica fue gracias a una amiga en Suiza y sus primeras prácticas fueron con Henri Chollet en los viñedos de Lavaux.

La añada 2017 que he podido disfrutar estos días en Estados Unidos, donde resido, muestra una mencía de carácter rústico y carnoso, pero con una frescura atlántica que atraviesa el vino de principio a fin. No hay maquillaje. Aquí la fruta se expresa con libertad, entre notas a cereza negra, tierra húmeda, hierbas silvestres y un fondo sutilmente ahumado que delata la pizarra y el granito del suelo.

En boca es jugoso, directo, con taninos vivos y un punto salvaje que lo hace muy gastronómico. No busca pulirse en exceso, sino mostrar el lado más honesto de la Ribeira Sacra, sin temer la rusticidad, donde también habita la belleza. Suelo recomendarlo a los bebedores más inquietos o curiosos, que buscan descubrir cosas únicas. Fredi Torres y su equipo logran un vino con alma de pueblo y sensibilidad de autor. Atrévete a beber algo diferente. **Zoltan Nagy**

95
LA VANGUARDIA
PUNTOS

Nace La Sierra 2024

DOCa RIOJA. VINOS EN VOZ BAJA (Aldeanueva de Ebro, La Rioja)
55% garnacha tinta, 30% tinto velasco, 15% calagraño
12 meses 50€

Se vivió en Logroño, en La Rioja, una cata-maridaje donde, como sumiller, me enfrentaba a una inteligencia artificial entrenada para ver quién proponía los mejores maridajes. La máquina, sorprendentemente, eligió grandes vinos, estaba bien programada, fría y precisa. Pero yo contaba con una botella distinta, casi secreta, difícil de conseguir: Nace La Sierra.

Llamémoslo *vigneron* o viñador, una nueva España vitivinícola, pequeña, sensible y sincera, que demuestra que se puede vivir de 6 hectáreas, si se llevan con valentía y coherencia. Cuando en los años cincuenta, todo iba a las cooperativas y las grandes bodegas, algo así era impensable. Carlos Mazo, biólogo y enólogo, e Isabel Ruiz, diseñadora y fotógrafa, se acercan más al *vigneron* borgoñón que a una bodega riojana al uso. Hoy su nombre corre de boca en boca entre sumilleres y sus botellas son cada vez más difíciles de encontrar.

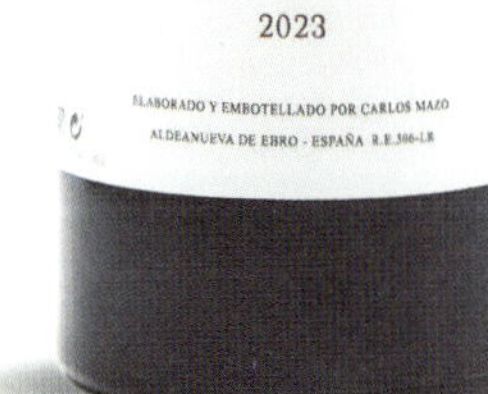

Procede de Rioja Oriental (antes Rioja Baja), donde el viñedo se extiende entre los llanos de Calahorra y las laderas del monte Yerga. La suave garnacha tinta, la rústica tinta velasco y la ácida, blanca y casi extinta calagraño, componen este vino de alma antigua y espíritu libre. Fluido, delicado, de textura aérea, herbal, con notas a romero, menta y especias.

Aceptemos que hay vinos que las máquinas jamás comprenderán. Algo tan delicado, identitario y emocionante, solo la sensibilidad humana puede gozarlo. *Nace La Sierra* inclinó la balanza a nuestro favor, un vino de intuición y verdad. En una palabra, de humanidad.

Ferran Centelles

95
LA VANGUARDIA
PUNTOS

López Cristóbal La Colorada 2021

DO RIBERA DEL DUERO. López Cristóbal (Roa, Burgos) Tinta del país 12 meses 20€

Decía Paulo Coelho que donde estuviera tu corazón, allí mismo encontrarías tu tesoro. Eso mismo debió pasarle por la cabeza a Galo López Cristóbal, viticultor y bodeguero en Roa, en pleno corazón de la Ribera del Duero burgalesa. Galo colocó sus sueños en el tesoro de sus viñas, por eso con cada una de sus fincas elabora un vino, un tinto o un blanco que habla justamente el idioma de esa viña, que susurra su identidad, que proclama la personalidad única de un viñedo y una añada.

Las viñas como las personas, están hechas de historias, geografías y accidentes. La Colorada es una finca de 35 años, situada a 800 metros de altitud, de suelos calcáreos, los que más ama la uva tinta. Se vendimia manualmente y en la bodega se respeta el origen, con intervenciones mínimas que no escondan las palabras de la viña. La crianza de 12 meses se lleva a cabo en barricas usadas de uno a tres años, para evitar así que haya un contacto brusco con la madera nueva. Se prefiere el roble francés, pero se usa también una pequeña cantidad de roble americano.

Siempre me ha gustado La Colorada, lo he regalado en muchas ocasiones porque ofrece mucho más de lo que cuesta. Otorga a la palabra *'crianza'* una seriedad, un carácter y una importancia que otros muchos tintos de su categoría no ofrecen. Es un vino elegante, maduro, complejo, muy serio, aunque puede disfrutarse sin complicaciones. Definitivamente, la felicidad es algo que debe practicarse, como tocar el violín.

Alicia Estrada

95
LA VANGUARDIA
PUNTOS

Gaintus Vertical 2018

25º
ANIVERSARIO
LA VANGUARDIA
2026

DO PENEDÈS. MONTRUBÍ (Font-rubí, Barcelona) 100% sumoll 12 meses 35€

Gaintus Vertical celebra su 25 aniversario. En 2001 salió al mercado como el primer monovarietal de sumoll del mundo. Procede de viñas plantadas en 1955 sobre suelos de pizarra gris en una de las zonas más altas del Penedès, buscando expresar la autenticidad de la variedad sumoll, realzada con crianza de 12 meses en barricas nuevas de roble francés de 300 litros y afinado de 24 meses en botella. Suave, ligero y elegante. Pero con mucha fruta roja, hierbas aromáticas, notas minerales y su característica acidez, que le aporta tensión, frescor y longevidad.

Pura identidad. MontRubí es el gran referente de la recuperación de la sumoll. Hoy una variedad minoritaria, pero era la más cultivada en el Penedès antes y después de la filoxera, ya registrada en la primera lista de variedades de uva de Barba i Roca (1787).

Su cultivo decayó desde los años cincuenta, con el éxito de la uva blanca para elaborar cavas y la progresiva moda de las variedades francesas. MontRubí desafió la fama de poca intensidad cromática y dudosa capacidad enológica de la sumoll, creando este monovarietal 100% sumoll.

Este aniversario se suma al gran año de MontRubí en premios y reconocimientos a su proyecto de enoturismo. Premio Vinari al Mejor Alojamiento Enoturístico de Catalunya y Gran Premio Vinari a la Mejor Actividad Enoturística de Catalunya. Pocas semanas después, recibieron el Premio al Mejor Alojamiento Enoturístico de Rutas del Vino de España, por su Casa Gran 1771 Boutique Winery Hotel.

Lluís Tolosa

94 LA VANGUARDIA PUNTOS

Garrigal Vinyes Velles 2023

DO EMPORDÀ. CELLER PERELADA (Peralada, Girona) 100% carinyena 7 meses 42€

Monovarietal de las cepas más viejas de cariñena, de entre 60 y 80 años de edad, procedentes de la Finca La Garriga, la más antigua de las cinco fincas de la bodega, situada en el corazón de Peralada, con producciones muy bajas, pero de gran intensidad y concentración.

Es la gran novedad de Perelada para este año. Un varietal de cariñena con carácter e identidad ampurdanesa. Elegante en su presentación, con la nueva imagen de los vinos de Perelada. Equilibrado en su concepción, con perfecta armonía entre potencia de sabores y suavidad en la textura. Expresivo de una variedad tradicional y de una finca de característicos suelos de gravas, cantos rodados y elementos calcáreos. La Finca La Garriga ocupa un total de 41 hectáreas, que incluyen 26 hectáreas de viñas viejas, de las cuales 9 hectáreas son viejas cariñenas en vaso, la esencia y el alma de este Garrigal.

Expresa pura fruta roja madura, con las típicas notas florales y a hierbas aromáticas características de la variedad, con una suave envoltura a tostados, ahumados y especiados de su cuidadosa crianza. Permanece 7 meses en roble francés, combinando diferentes formatos de gran tamaño para mantener el protagonismo de la fruta y el perfil varietal de la cariñena. El 70% se cría en barricas de roble francés de 300 litros y el 30% en fudres de roble francés de 3.800 litros, buscando el mejor ensamblaje de los dos vinos. Mediterráneo, intenso, elegante y equilibrado.
Lluís Tolosa

94
LA VANGUARDIA
PUNTOS

Microvins Carinyena 2019

DO EMPORDÀ. LA VINYETA (Mollet de Perelada, Girona) 100% carinyena 19 meses 25€

Todos los microvinos de La Vinyeta son monovarietales de viñas viejas, algunas de más de 100 años, de variedades autóctonas y parcelas de tipicidad extrema. Situado en Mollet de Perelada, un pueblo del Alt Empordà, es un proyecto que se tiene que visitar *in situ* para ver la grandeza, autenticidad, simplicidad y harmonía con la que trabajan, de una manera totalmente orgánica que se funde con su filosofía de vida.

Marta Pedra y Josep Serra son un matrimonio preparado, amable, consciente, familiar, donde todo su espacio sostenible se llena de significado. Porque no solo se elaboran vinos ecológicos y aceites, quesos, embutidos, huevos y miel artesana, si no que viven el ecofemenismo con todas sus letras. ¿Qué entendemos por *ecofeminismo*? Una corriente de pensamiento y un movimiento social que defiende que el encuentro entre los movimientos ecologista y feminista ofrece la posibilidad de repesar y reconstruir unas relaciones entre las personas y la naturaleza, sin poner en riesgo las bases materiales que sostienen la vida.

Esta serie de microvinos son miniproducciones muy especiales, eminentemente pequeñas, de variedades ancestrales y elaboraciones muy singulares. Un vino de color rubí intenso como su lágrima, que combina los tostados de la barrica con la frescura de la piel de naranja. Todo ello envuelto en notas balsámicas y suaves taninos.

Meritxell Falgueras

IMPERIAL
El vino icónico de España.
Desde 1920.
IMPERIAL
GRAN RESERVA
Rioja
GRAN RESERVA
FUNDADA EN 1879
C.V.N.E.

94
LA VANGUARDIA
PUNTOS

Contino Graciano 2020

DOCa RIOJA. VIÑEDOS DEL CONTINO (Laserna, Álava)
100% graciano **16 meses**
82€

A inicios de los años setenta, la Compañía Vinícola del Norte de España (CVNE, 1879) buscaba algo nuevo que prácticamente no existía en Rioja. El método de elaboración bordelés se había implantado en la mayoría de bodegas riojanas, pero no se había llegado al concepto completo del *château* bordelés, con pequeñas producciones de vinos exclusivamente de las viñas lindantes a la bodega.

Tras una búsqueda exhaustiva, CVNE dio con una finca idónea en Laserna, cerca de Laguardia, con suelos aluviales arcillo-calcáreos típicos de la Rioja Alavesa. Allí nació Contino (1973), el primer *château* de Rioja.

La propiedad se remonta al siglo XVI, como refleja su nombre. La distinción de contino se le concedía al oficial al mando de un centenar soldados de la guardia real, que velaban de contino por la familia real desde los tiempos de los Reyes Católicos. Además, el anagrama de la bodega representa a San Gregorio, santo protector de los viñedos, que según la tradición pasó por esta finca.

Contino Graciano procede de la parcela San Gregorio, plantada en 1979 y 1989. Fermentación en tina de roble francés, crianza de 16 meses en barrica de robre francés y americano, con posterior crianza de 6 meses en depósito de hormigón. Expresivo de la graciano autóctona de Rioja, muy escasa en otras regiones, que suele aportar intensidad aromática, acidez y taninos al tempranillo, ideales para las largas crianzas. Frutos rojos, acidez refrescante, notas mentoladas, hinojo y eucalipto, con final especiado, recuerdos a pimienta negra y matices minerales. **Lluís Tolosa**

93
LA VANGUARDIA
PUNTOS

100 Candelas Edición Limitada 2022

PREMIO
MEJOR PROYECTO DE ENOTURISMO
LA VANGUARDIA
2026

DO YECLA. BODEGAS BARAHONDA (Yecla, Murcia)
100% monastrell 24 meses
125€

100 Candelas, conmemorativo del centenario de la primera bodega de la familia Candela (1925-2025). Edición limitada de un vino único y especial en homenaje a la tierra y a la tradición vitivinícola familiar. Exclusivamente 1.000 botellas presentadas en caja de madera. Elaborado con sus mejores uvas de monastrell de viñedos centenarios. Muestra la pasión y constancia de cuatro generaciones. Un tributo a su pasado y un auténtico brindis por el futuro.

Barahonda es la bodega de referencia para el enoturismo en la Ruta del Vino de Yecla. Tienen una completa propuesta enoturística, que incluye visitas a la bodega, experiencia de realidad virtual 360o, catas de vinos, *wine bar* de moda frente al viñedo y su magnífico Restaurante Barahonda con 1* Michelin desde noviembre de 2025.

La familia Candela viene de una larga tradición vitivinícola, que se remonta a 1850, cuando Pedro Candela empezó a elaborar y vender pequeñas cantidades de vino. En 1925, su hijo Antonio Candela fundó una pequeña bodega, que la siguiente generación, también Antonio Candela, hizo crecer y evolucionar hasta la actualidad.

Desde 2006 con la cuarta generación, los emblemáticos hermanos Antonio y Alfredo Candela, que apostaron por los vinos de calidad y poco a poco han ido implantando una gran oferta de enoturismo. Pura pasión, símbolo de tradición y conocimiento trasmitido de padres, abuelos y bisabuelos. Han dedicado toda la vida, el cuerpo y el alma al vino, eso se aprecia al cruzar la puerta de Barahonda. **Lluís Tolosa**

93
LA VANGUARDIA
PUNTOS

3.000 Años 2020

DO BULLAS. BODEGAS DEL ROSARIO (Bullas, Murcia)
50% monastrell, 50% syrah
15 meses 30€

Bodegas del Rosario es el mayor productor de la DO Bullas. Simboliza las raíces históricas del cooperativismo, con su origen en aquellos primeros sindicatos agrarios de ideología católica nacidos en el sureste español con la ley de Sindicatos Agrícolas (1906). Pero el movimiento cooperativista se truncó con la Guerra Civil (1936-1939). Años más tarde, la creación de la Cooperativa Nuestra Señora del Rosario (1950) refundó el cooperativismo local, inaugurando su primera bodega cooperativa (1955), con sucesivas ampliaciones (1958, 1960 y 1968).

Su trascendencia socioeconómica mereció la cruz al *Mérito Agrícola* y el título de *Cooperativa Ejemplar Provincial* (1972), cuando agrupaban 1.250 socios, el 90% de los viticultores de la comarca, entrando hasta 10 millones de kilos de uva. Sin ellos no se puede entender la historia y la importancia del vino en Bullas. Son el referente histórico y socioeconómico, los primeros en dar el salto de los vinos a granel a los vinos embotellados de Bullas, actualmente con una treintena de etiquetas en los mercados nacionales e internacionales.

3.000 años, por la tradición milenaria del vino en Bullas, es su vino de alta gama, elaborado en colaboración con el prestigioso Master of Wine escocés Norrel Robertson. Monastrell y syrah a partes iguales, solo en añadas excepcionales, de parcelas únicas del precioso paraje de la Venta del Pino, con las viñas entre bosques y pinares. El 90% se exporta a Estados Unidos, donde está mejor valorado. Premio al mejor diseño del vino español del ICEX España Exportación.

Lluís Tolosa

93 LA VANGUARDIA PUNTOS

Juan Gil Etiqueta Plata 2023

DO JUMILLA. BODEGAS JUAN GIL (Jumilla, Murcia) 100% monastrell 12 meses 13€

Juan Gil es la marca de referencia de la DO Jumilla, la más conocida y la de mayor presencia en el mercado nacional. Simboliza ese estilo de vinos de monastrell, afrutados, cálidos y golosos, que en su día conquistaron los mercados de las principales ciudades españolas. Su Etiqueta Plata sigue siendo su marca más representativa, con 20 años de éxitos y su característica concentración frutal, siempre suave, afrutado, especiado y con taninos redondos y dulzones.

Sus orígenes se remontan a Juan Gil Jiménez, que en 1916 construyó la bodega. Su hijo, Juan Gil Guerrero, y su nieto, Juan Gil González, consolidaron la bodega. Hoy la cuarta generación combina la larga tradición familiar con las más modernas técnicas de elaboración.

Para entender el estoicismo jumillano hay que sentir el sol implacable del verano, el gélido relente invernal, los fuertes contrastes de temperatura. Así es el paraje de la Aragona, en pleno altiplano murciano, a 700-850 metros de altitud, donde las viñas se extienden hasta el horizonte en un paisaje árido y pedregoso. Donde otra planta agonizaría, la monastrell se siente en casa.

Juan Gil también representa el espíritu emprendedor jumillano. Desde 2004 han incorporado una decena de bodegas: Shaya (Rueda), Tridente (Castilla y León), Atalaya (Almansa), Morca (Campo de Borja), Ateca (Calatayud), Can Blau (Montsant), Lagar da Condesa (Rías Baixas), Rosario Vera (Rioja), Llicorella Vins (Priorat) y Lagos de Arena (Zamora). Exportan a 50 países el 70% de su producción. Ahora la nueva bodega en construcción, orientada al enoturismo.

Lluís Tolosa

93
LA VANGUARDIA
PUNTOS

Lo Imposible Gredos 2021

VC CEBREROS. LO IMPOSIBLE (Sierra de Gredos,) 100% garnacha tinta 14 meses 23€

Hay vinos que son respuestas y otros que son preguntas. *Lo Imposible* pertenece a estos últimos. Montse Alonso, directora de Mahala Wines, y la enóloga María Andreu, han dado forma a un proyecto que nació como un sueño, quizá como una locura. Pero hoy se concreta en una garnacha profundamente honesta, arraigada a las laderas más salvajes de la Sierra de Gredos.

Viñedo de altura, a 950 metros de altitud. En un entorno duro y precioso, donde la vid sobrevive más que crece, ellas vieron algo especial. Y lo hacen con la humildad de las plantas viejas, en vaso, que se aferran al suelo como si supieran que ahí está la clave de su carácter. El resultado es un vino de una finura casi poética. Pocas botellas, pero quien las puede tener, que las disfrute.

Una garnacha fina, precisa, con fruta roja limpia y fondo mineral que no se impone pero permanece. Hay tensión, hay nervio, sobre todo hay una sinceridad que emociona. Su persistencia es delicada pero firme, con un final que evoca recuerdos a tierra húmeda, flores y fruta roja. Es un vino que invita a la reflexión, a beber con calma, a dejar que el tiempo lo revele por capas, una elegancia no necesita gritar para ser escuchada.

Llevo 5 años buscando los 100 mejores vinos del año en esta guía de vinos. Cada edición es una oportunidad para reencontrarme con lo esencial, con proyectos que no solo hablan de calidad, sino de convicción. *Lo Imposible* no es solo una botella, es una declaración de amor al territorio, de respeto a la garnacha como vehículo del paisaje. Porque a veces, lo imposible no es más que lo necesario. **Zoltan Nagy**

93 LA VANGUARDIA PUNTOS

Milagros 2020

DO RIBERA DEL DUERO. FIGUERO (La Horra, Burgos) 100% tinto fino (tempranillo) 15 meses 47€

José María García, a sus 88 años, es uno de los viticultores que ha llevado con dignidad más vendimias a sus espaldas. El trabajo en la viña ha marcado su vida. Sus pilares se han basado siempre en la constancia, el esfuerzo y el buen hacer. La familia Figuero, con este vino tinto, ha querido rendir homenaje a la matriarca de la familia, Milagros.

Los viñedos se ubican en el Paraje del Camino de los Frailes, que ofrece un entorno muy especial, con las viñas plantadas entre 1940 y 1956. Las cinco parcelas elegidas son El Ejido, Camino de los Frailes, Santa Cruz, Llano de la Mina y Valera. El suelo es muy ribereño, con dominio de limos, arenas y arcillas rojas. La vendimia es manual, en canastos de castaño de 12 kg.

En aromas encuentro una gran concentración de fruta roja y fruta negra madura, especialmente fresas y ciruelas, flores como violetas, café, tostados, apuntes minerales y especias dulces tipo vainilla. La boca es tersa, jugosa y muy afrutada, donde destacan los frutillos del bosque en el paso. El final es muy pulido, pero largo y aromático. Lo más destacable en el paladar es el equilibrio, siendo además un vino fresco a pesar de no tener una elevada acidez. La crianza ha sido de 15 meses en barricas nuevas de roble francés y de 500 litros. Este paso por madera le aporta complejidad y más cuerpo, pero acompaña de puntillas, dejando todo el protagonismo a la variedad y a la fruta. **María José Huertas**

93 LA VANGUARDIA PUNTOS

Borsao Berola 2019

DO CAMPO DE BORJA. BODEGAS BORSAO (Borja, Zaragoza)
Garnacha, syrah 14 meses
12€

Borsao es insuperable elaborando garnachas. Todos los vinos tintos de Borsao tienen la garnacha como eje central, excepto el Zarihs, *shiraz* escrito al revés, que es monovarietal 100% syrah. Juntas, garnacha y syrah, hacen una combinación perfecta, pura fruta sobre fruta.

Berola es un homenaje a los monjes cistercienses fundadores del monasterio de Veruela, cuna de la cultura del vino en la comarca del Campo de Borja. Hoy con nueva imagen en su etiqueta, más fresca y elegante, fiel al ensamblaje de sus dos variedades principales. Se elabora con sus viñedos de garnacha y syrah de hasta 60 años de edad, con 14 meses de crianza en barrica de roble francés y americano.

Color granate intenso, con mucha capa y mucha carga frutal. Fruta negra madura, confituras, regaliz negra, cacao, tostados y balsámicos. Muy amable en boca, cálido y concentrado, con taninos suaves y golosos, y al final un punto vibrante refrescante, con la acidez perfectamente equilibrada.

Borsao es el origen y el motor de la DO Campo de Borja. Nació como Cooperativa de Borja (1958) y luego se unió con las cooperativas de Pozuelo y Tabuenca para formar Bodegas Borsao (2001). Hoy es uno de los mayores productores de garnacha del mundo, con fuerte arraigo socioeconómico en la región, ya que representa la unión de 375 viticultores y 2.260 hectáreas de viñedo en las duras tierras de Campo de Borja, de las cuales 1.500 hectáreas son garnachas autóctonas, muchas de ellas viejas o muy viejas. **Lluís Tolosa**

93
LA VANGUARDIA
PUNTOS

Secreto 2023

DO RIBERA DEL DUERO.
BODEGAS Y VIÑEDOS VIÑA MAYOR (Quintanilla de Onésimo, Valladolid) 90% tempranillo, 10% cabernet sauvignon
12 meses 25€

Si el objetivo era mostrar la tipicidad de la variedad tempranillo en la Ribera del Duero, solo con asomar la nariz a la copa ya se puede identificar, incluso en cata a ciegas. El secreto para ser un puro Ribera del Duero seguramente es la combinación de diferentes viñedos de una edad media de 60 años, todos con el factor común de la variedad y las altitudes cercanas a 900 metros de la meseta castellana, combinando los diferentes suelos donde la tempranillo da diferentes expresiones, sobre suelos de arena, arcilla y caliza, recorriendo Soria, Burgos y Valladolid, para sumar las virtudes y expresiones de cada una de ellas.

Todo se entiende cuando se siente la delicada mano de Almudena Alberca, la única mujer española con el título de Master of Wine, con larga trayectoria al frente de la dirección técnica de Entrecanales Domecq e Hijos, el grupo al que pertenecen las bodegas Viña Mayor.

El Secreto es equilibrado, elegante y perfeccionista. Intenso en sabor y suave en textura, con carga frutal pero fresco, ágil y ligero, seguramente de vendimia temprana, sin excesos de madurez. Frutos rojos, cereza picota, regaliz negra y notas florales a violetas. Realmente redondo y jugoso, con protagonismo de la fruta y en segundo plano los matices de su crianza de 12 meses en roble francés, muy discretos e integrados, bien redondeados durante sus 12 meses de afinado en botella, con final refrescante, balsámico y mineral. **Lluís Tolosa**

92
LA VANGUARDIA
PUNTOS

Nostalgia Vino de Pueblo 2022

DOCa RIOJA. FAUSTINO RIVERA ULECIA (Arnedo, La Rioja)
Tempranillo, garnacha
6 meses 14€

Nostalgia, el primer Vino de Pueblo de Arnedo, elaborado exclusivamente con viñedos del municipio, en la tan a menudo olvidad Rioja Baja, ahora llamada Rioja Oriental. Es la última novedad de la histórica bodega Faustino Rivero Ulecia (1899), en homenaje a sus orígenes, al lugar donde empezó todo, a un pueblo, una familia y una historia centenaria.

Jorge Rivero, quinta generación y director comercial de la bodega, explicó que la etiqueta remite al primer negocio vitivinícola de la familia Rivero, bajo los soportales del antiguo ayuntamiento de Arnedo, donde su familia comerciaba con odres y botas de vino. La imagen nos remonta a 125 años de historia y a los orígenes humildes de la familia. Hoy, su Grupo Marqués del

Atrio tiene bodegas en Rioja, Ribera del Duero, Navarra, Utiel-Requena, Rías Baixas, Rueda y Bierzo.

Nostalgia también es su nuevo espacio enoturístico, con una experiencia visual en memoria del fundador de la bodega Olegario Rivero, que se suma a sus visitas, tienda y *wine bar,* donde organizan actividades culturales, presentaciones, reuniones de empresa y celebraciones.

Rodrigo Espinosa, enólogo de la bodega, selecciona varias parcelas pequeñas repartidas por Arnedo, de 30 años de edad media, situadas a 500-600 metros de altitud, con diferentes orientaciones, así que maduran en diferente momento, se vendimian una a una y se vinifican por separado, con posterior crianza de 6 meses en barrica de roble americano. Frutos silvestres, regaliz negra, vainilla y suaves tostados, redondo y fácil de beber. **Lluís Tolosa**

LECTURAS IMPRESCINDIBLES

ORÍGEN DE LA VINYA I EL VI A CATALUNYA

***

Els jaciments arqueològics documentats sobre l'origen de la vinya i el vi a Catalunya amaguen històries fascinants.

Fenicis, grecs i romans, visigots, cristians i musulmans, ens acompanyaran en un viatge apassionant a l'Antiguitat, amb totes les implicacions socials, culturals, econòmiques, polítiques i simbòliques del vi, que els autors aborden des de l'arqueologia i la sociologia.

PVP 20€

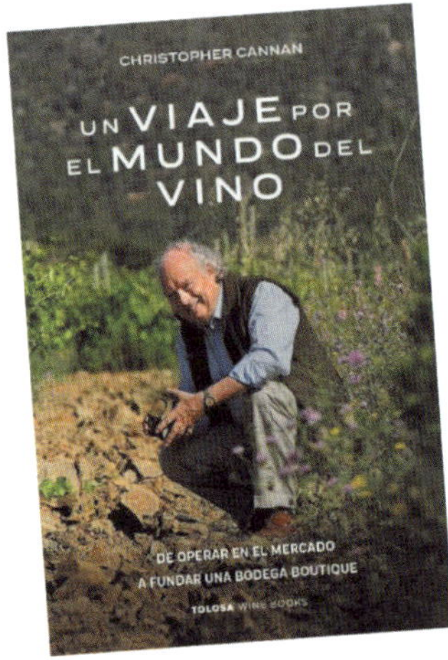

UN VIAJE POR EL MUNDO DEL VINO

***

Autobiografía de Christopher Cannan. El libro que todo profesional del sector del vino debería leer. El autor cuenta su experiencia de 40 años vendiendo vinos en 40 países del mundo.

El libro tiene tres lecturas: la puramente autobiográfica, la de manual de crecimiento personal y la de manual de negocios para la venta de vinos de calidad en los mercados nacionales e internacionales.

PVP 20€

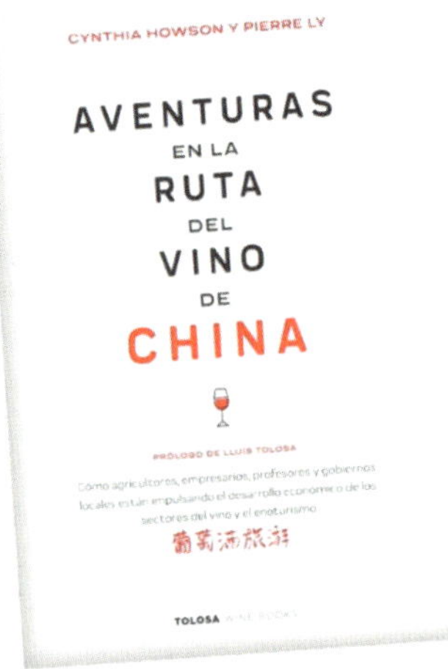

AVENTURAS EN LA RUTA DEL VINO DE CHINA

***

China está desarrollando el mayor proyecto de enoturismo del mundo. Ya han plantado más de un millón de hectáreas de viñedo y están construyendo centenares de bodegas.

La Ciudad Internacional del Vino de Changyu es el mayor parque temático del vino en todo el mundo, con 400 hectáreas y la bodega más grande del planeta, para producir 400 millones de botellas al año.

PVP 20€

Sin costes de envío a toda la península

www.tolosawinebooks.com

***

TOLOSA WINE BOOKS

BEST WINE PUBLISHER IN THE WORLD 2023

92 LA VANGUARDIA PUNTOS

Parató Samsó 2021

DO PENEDÈS. PARATÓ (El Pla del Penedès, Barcelona) 100% samsó 14 meses 24€

Monovarietal 100% samsó que simboliza la recuperación de una variedad antiguamente muy extendida en el Penedès, actualmente muy minoritaria. En otras regiones conocida como cariñena, aunque hay cierto debate abierto sobre esta sinonimia. En cualquier caso, de larga tradición histórica, citada como *caranyena*, en su forma más antigua, en diferentes fragmentos de las crónicas del rey Pere el Cerimoniós (1319-1387).

Procede de dos únicas parcelas situadas en Guardiola de Font-rubí, plantadas en 1978. Muy bien elaborado, evitando extracciones intensas, que son las que tradicionalmente le habían dado fama de vinos rústicos. Todo lo contrario, suave, fino y elegante. Frutillos de bosque, regaliz y notas herbáceas refrescantes, con los taninos afinados y redondos.

Parató se fundó en los años setenta, por iniciativa de José Elias Andreu. La familia poseía viñedos en la marina de Sants y Montjuïc. Su padre tenía una prensa donde muchos vecinos de Barcelona iban a prensar la uva. Pero con la Guerra Civil (1936-1939) perdieron varias fincas. Para recuperar la actividad, José Elias fue comprando las fincas de Can Campmany, Can Raspall, La Fanga y Camp Nou, en el Penedès. Actualmente cuentan con 72 hectáreas de viñas, muchas de ellas de aquellos años setenta. Dedicamos tradicionalmente a la elaboración de vinos tintos, conservan un interesante cementerio de añadas antiguas muy poco habitual en el Penedès. **Lluís Tolosa**

por sus variedades autóctonas blancas

Este año damos un recorrido fascinante por las variedades blancas más **minoritarias**.

En las Islas Canarias, además de la **malvasía volcánica**, hemos querido mostrar otras variedades menos conocidas, pero pletóricas de identidad: diego, verijadiego o listán blanco.

En Galicia lo mismo, junto a la hegemónica variedad **albariño**, destacamos otras variedades históricas: treixadura, godello, lado, o loureiro.

En Bizkaiko Txacolina, las variedades hondarrabi zuri o hondarrabi zuri zerratia, a veces totalmente desconocidas fuera del mercado local. Como el **albarín blanco** en Asturias, como la malvar y la torrontés en La Alcarria, Guadalajara.

96 LA VANGUARDIA PUNTOS

El Grifo Vendimia de Invierno 2024

DO LANZAROTE. BODEGAS EL GRIFO (San Bartolomé, Lanzarote)
100% malvasía volcánica
42€

Por primera vez en la historia de la viticultura europea, se hace una vendimia tan temprana. Normalmente, las Islas Canarias vendimian un poco antes que la península, hacia mediados de julio. Hasta ahora la diferencia de latitud solo implicaba esas pocas semanas de adelanto. Pero con el cambio climático, la planta vuelve a brotar después de la vendimia, no aguanta hasta la poda de invierno. Las plantas no entienden de fronteras administrativas, aunque sean españolas, no siguen el ciclo vegetativo peninsular.

El Grifo ha escuchado a las plantas. Si la viña no puede esperar a la poda de invierno, probaron a podarla en septiembre, antes de que rebrotase espontáneamente. Y dieron una inédita vendimia en marzo, que le da a la malvasía volcánica una expresión totalmente diferente.

Solo 5.000 kilos de vendimia de invierno, excelente madurez, porque el ciclo invertido y las temperaturas más suaves permitieron una maduración lenta y equilibrada, de acidez más viva y fresca, realzando su carácter salino. Una malvasía volcánica con toda su expresión varietal, fruta de hueso, albaricoque y flores blancas, pero con más fondo cítrico, a piel de naranja, con más notas minerales y sobre todo herbales, a hinojo y eucalipto.

Si ya teníamos una viticultura heroica en Lanzarote, tras las erupciones de 1730-1736, que dejaron un tercio de la isla cubierta de lava y cenizas, y obligaron a los viticultores a excavar hoyos hasta encontrar suelo fértil, ahora tenemos el reto de readaptar todo el ciclo productivo de la viña. Tenía que ser El Grifo (1775), la bodega más antigua de Canarias. **Lluís Tolosa**

96
LA VANGUARDIA
PUNTOS

Milagro de Magmasía Selección 2022

DO LANZAROTE. BODEGA ERUPCIÓN (Lanzarote, Islas Canarias) 80% malvasía volcánica, 10% diego, 10% moscatel de Alejandría 34 meses en depósito 35€

Una bodega de autora que en la isla de Lanzarote es por fuerza de producción limitada, unas 6.000 botellas, aproximadamente. Con una mente científica y un alma arraigada, Amor López partió hacia Madrid para explorar la biología y la enología, perfeccionándose en laboratorios y bodegas. Sin embargo, su corazón siempre volvía a Lanzarote, donde cada vendimia era un reencuentro con sus raíces.

En 2021, en medio de la incertidumbre global tras la pandemia, decidió transformar el pasado en futuro, dando nueva vida a la bodega familiar bajo el nombre de Bodega Erupción. Sus vinos, blancos y tintos, maduran con solera y cuentan historias de lava y océano, mientras reflejan la precisión de una científica y la sensibilidad de una artista.

Cosecha propia con vendimia y mantenimiento orgánico integral, siempre manual, con cepas centenarias de pie franco y prefiloxéricas. Un proyecto lleno de resiliencia con una visión contemporánea. Con la premisa de la mínima intervención para hacer brillar el carácter mineral y salino de su terruño. En palabras de Amor López, más que vino es *"la expresión de una familia que transforma su tierra en poesía líquida"*. En copa, aromas a manzana asada, membrillo y melocotón, flores de azahar y jazmín. Un vino que se siente con sus entrañas volcánicas, con el fuego de la pasión y la creatividad. **Meritxell Falgueras**

95
LA VANGUARDIA
PUNTOS

Bimbache John Stone 2024

DO EL HIERRO. BIMBACHE VINÍCOLA (El Hierro, Islas Canarias) Verijadiego blanco, listán blanco 10 meses 57€

Los vinos de Bimbache Vinícola son una de las expresiones más puras y emocionantes que hoy pueden encontrarse en el panorama vitivinícola español. Nacidos en los suelos volcánicos de Lanzarote, luego saltaron a El Hierro, siempre bajo la influencia constante del viento atlántico, en condiciones extremas, estos vinos consiguen algo extraordinario, ser profundamente territoriales y al mismo tiempo extraordinariamente gastronómicos.

Al frente del proyecto está Rayco Fernández, impulsor y custodio de una visión respetuosa y vanguardista a la vez. A su lado, Silvia Viot, esposa y gran dama del vino, que suma sensibilidad y saber hacer. Juntos han convertido Bimbache en sinónimo de autenticidad y precisión.

Cultivan variedades autóctonas, malvasía volcánica, listán blanco, diego, listán negro o baboso negro (no es un insulto, es una variedad local), siempre con mínima intervención, buscando la transparencia de su origen. El resultado es una colección de vinos vibrantes, con acidez marcada, texturas minerales y equilibrio perfecto entre austeridad y expresión. Siempre con levaduras autóctonas, sin filtrar ni clarificar, con algunas añadas que no superan las 700 botellas. Cada botella cuenta una historia del paisaje, llena de riesgo y talento. En cada copa, la isla habla, emociona beberlo. Quizás sea ese el verdadero mensaje de John Stone, que en la sencillez puede habitar la grandeza. Que incluso desde el lugar más remoto se puede conquistar el mundo, si lo que ofreces, nace del alma. **Zoltan Nagy**

Lo eres. O no lo eres.

Terra de Asorei Barrica de Carballo 2022

DO RÍAS BAIXAS. ADEGAS TERRA DE ASOREI (San Martiño de Meis, Pontevedra) 100% albariño 6 meses 19€

Terra de Asorei recupera la tradición de elaborar el albariño en barrica de roble (*carballo* en gallego), como se hacía históricamente en las pequeñas bodegas del Val do Salnés, la cuna histórica del albariño.

La madera de roble siempre ha sido importante en Galicia, entre los siglos XII y XVIII muy utilizada para la construcción de viviendas y navíos. En el siglo XIX, la desamortización de las propiedades eclesiásticas permitió especular con muchos robledales pertenecientes a las órdenes religiosas. Tradicionalmente se empleó el roble para las traviesas del ferrocarril y para las duelas de las barricas. En la cultura gallega, los robledales siempre se consideraron morada de deidades y el roble siempre tuvo un carácter purificador y curativo.

Terra de Asorei Barrica de Carballo es una elaboración especial con una edición limitada de 2.667 botellas. Ahora elaborado con más cuidado y conocimiento que en aquellos tiempos, con solo 6 meses de crianza en barrica para mantener toda su expresión varietal y frutal. Fruta blanca, manzana madura, flores blancas, roble cremoso y envolventes notas a ebanistería, con los matices cítricos característicos de la variedad y la mineralidad de sus característicos suelos graníticos.

El logo de Terra de Asorei se compone de seis letras A, por las seis familias unidas del Val do Salnés, con larga tradición vitivinícola y bodeguera, como demuestra la histórica Fiesta del Albariño en Cambados, desde el año 1953. Las seis letras A también representan sus seis valores: Adega, Albariño, Auténtico, Arte, Atlántica y Amor.
Lluís Tolosa

95 LA VANGUARDIA PUNTOS

Terroja de Sabaté i Coca 2017

DO PENEDÈS. SABATÉ I COCA (Subirats, Barcelona) 100% xarel·lo 11 meses 30€

Un vino que habla en voz baja, pero dice verdades profundas. Descubrí Terroja, el vino de los hermanos Sabaté, de la mano de Victoria Ibáñez, gran dama del vino, mentora generosa y la persona que me introdujo en este mundo apasionante. En aquel momento trabajaba para Vincelona, una pequeña distribuidora de vinos en Barcelona. Fue ella quien me puso esta botella delante, en un viaje que hicimos a las mismas bodegas. Con esa mezcla de elegancia y sabiduría que la definía. Hoy, con Vicky ya ausente, cada sorbo de este vino lleva también su memoria.

Terroja me ha acompañado en momentos cruciales de mi vida profesional. En el restaurante Oria, de Martín Berasategui, donde trabajé con pasión durante años, servimos la añada 2010 en formato magnum como parte del maridaje. El año que conocí a Vicky. También fue la añada y el formato que le regalé por su cumpleaños, el penúltimo que celebramos juntos. Fue un vino que supo estar a la altura de la cocina y del lugar. Este año, el Oria también cerró sus puertas, así que la presencia del Terroja en aquel menú ahora cobra un valor incluso histórico.

Este super-blanco está elaborado con xarel·lo de una única parcela, una pequeña viña de 90 años de edad, que da una producción escasa, en algunos años apenas 1.000 botellas. Es profundo y honesto. Refleja territorio, tiempo y filosofía. No grita, susurra. Y en ese susurro se esconde la verdad de los grandes vinos. Lo incluyo entre los 100 vinos imprescindibles del año porque me emociona. Porque guarda historia. Y porque, para mí, representa vínculos, despedidas y comienzos. **Zoltan Nagy**

94 LA VANGUARDIA PUNTOS

Foraster 2024

VT MENORCA. BINIFADET (Sant Lluís, Menorca) 60% garnatxa blanca, 40% giró ros 6 meses 23€

Los lectores quizás reconozcan la giró ros, ya la hemos celebrado en anteriores ediciones de esta guía como una joya autóctona. Recuperada en Mallorca y adoptada después en Menorca, llegó como forastera, pero pronto la isla la acogió como suya. Es una variedad opulenta, untuosa, de fragancia a melocotón y flor blanca, de alma puramente mediterránea. Su contrapunto, la garnatxa blanca, aporta acidez, vibración y un sutil perfume mineral. Juntas dan forma a un vino de carácter intenso, apenas 1.800 botellas que concentran el sabor del Mediterráneo en cada sorbo.

Que sorprenda un vino de Menorca sería olvidar su historia. Hace más de dos milenios los fenicios ya elaboraban vino en la isla. Más tarde, los árabes dejaron su huella en los nombres: *Bini* significa *casa de*, así que Binifadet evoca el pasado de la *Casa de Fadet*.

El proyecto nació casi como un juego, cuando en 1982 Carlos Anglés plantó una cuarentena de variedades distintas en su finca familiar. Quería revivir el cultivo de la vid en Menorca, vendimiar con los suyos y elaborar vino artesanal. En 2004, su hijo Lluís dio un paso más y levantó la bodega, integrada en la naturaleza, con un restaurante donde los muros de piedra seca protegen las 13 hectáreas de viñedo de la tramontana.

Menorca es mucho más que sol y playa. Gracias a Binifadet, es también tierra de vinos densos, calcáreos y luminosos. Vinos para soñar, rodeados de acebuches, lentiscos y romeros, con el rumor del mar cercano... Quizá con una caldereta de langosta sobre la mesa.

Ferran Centelles

94
LA VANGUARDIA
PUNTOS

Ollos de Roque Augalevada 2022

SIN DO. FACENDA AGRÍCOLA AUGALAVEDA (Riobóo, León)
Treixadura, albariño, godello, lado, loureiro 8 meses 27€

A veces para ver claro basta con cambiar la dirección de la mirada. Algo parecido pasa con el vino. Te acomodas a un determinado perfil y dejas de mirar más allá, paralizas la mirada hasta que te topas de frente con un vino, un viticultor, un terruño o todo unido en el mismo paquete, que te sacude y te espabila. Este flechazo único y emocional lo sentí yo con Ollos de Roque, un blanco telúrico, un vino que captura en un instante toda la frescura del valle del Avia en la Galicia del Ribeiro. Se elabora con distintas variedades blancas, tradicionales del viñedo gallego, con agricultura biodinámica y exigencia purista en el desarrollo de la viña.

En realidad yo no quería presentar solo un vino, quería presentar a Iago Garrido, exjugador de fútbol y uno de los enólogos más interesantes de nuestro panorama. Los vinos de Iago responden a las intuiciones de su creador, su autor los va modulando con bocetos nuevos en cada añada. Del uso de ánforas ha pasado a la utilización solo de barricas. De la treixadura dominante ha evolucionado hacia variedades gallegas más radicales en acidez. Pero, sin duda, lo que más me apasiona de los vinos de Augalevada es el matiz que un leve velo de flor les aporta, los torna aún más verticales, si cabe, más punzantes y salinos, intuición de vinos del Jura.

Ollos de Roque es un vino radical, expresivo pero de manera contenida y austera, se diría que incluso algo monacal. Resulta de una acidez eléctrica capaz de paliar cualquier aburrimiento enológico.
Alicia Estrada

93 LA VANGUARDIA PUNTOS

Albamar Finca O Pereiro 2024

DO RÍAS BAIXAS. ALBAMAR (Cambados, Pontevedra) 100% albariño 5 meses 42€

Xurxo Alba es el viticultor responsable de custodiar este proyecto en la subzona de O Salnés, en Cambados, desde el 2006. El factor común en cada vino que elabora es perseguir el tan codiciado perfil atlántico. En la familia se predica el máximo respeto al medio ambiente, así como la mínima intervención en la bodega.

La parcela de donde procede este vino blanco es cercana al mar y de suelos arcillosos, en Castrelo. En su elaboración, la uva se selecciona y se prensa con el raspón, de manera suave, para fermentar con levaduras autóctonas. Siempre he defendido la uva albariño sin barrica, personalmente es como pienso que mejor se expresa. Aunque en este caso permanece unos meses con las lías finas en grandes fudres, donde el contacto con la madera es mínimo.

Las lías sí le aportarán algo de volumen en el paso de boca, sin perder un ápice de personalidad varietal. Los fudres son de 3.200 litros, así que añaden pocos matices de madera. Esto añadido a la buena acidez de la que suelen disfrutar estos vinos, los hace muy longevos en el tiempo. En nariz es muy perfumado, destacando los toques cítricos, como lima y naranja, fruta de hueso, como melocotón y albaricoque, apuntes salinos y minerales, herbales tipo mentoles y un fino aroma de salmuera que le da complejidad. La boca es amplia, con notas cítricas y herbáceas en el paso. Es fresco y sobre todo largo, dejando una sensación nuevamente yodada y mineral.

María José Huertas

93 LA VANGUARDIA PUNTOS

Itsasmendi 7 2015

DO BIZKAIKO TXAKOLINA.
Itsasmendi (Gernika, Bizkaia)
Hondarrabi zuri, hondarrabi zuri zerratia, riesling 15€

Tradicionalmente el txakoli ha sido un vino ligero y acidillo destinado al consumo local. Las cosas están cambiando actualmente y es sobre todo el txakoli bizkaino el que está patroneando el cambio.

Los nuevos txakolis son vinos bastante recientes y no resulta fácil catar añadas viejas o realizar catas verticales. Hace unas semanas actuando como miembros del jurado de los premios de enoturismo de Bilbao-Rioja, con Great Wine Capitals, tanto el director de esta guía, Lluís Tolosa, como yo misma, tuvimos ocasión de sorprendernos ante un vino blanco. Se trataba de evaluar la experiencia gastronómica del Restaurantes Las Lías (Bilbao), con los maridajes inicialmente a ciegas. Su propietario Mikel García, hijo de Daniel García del Zortziko, servía y nos dejaba especular para finalmente desvelar el maridaje. Con la copa de un desconocido aún Itsasmendi 7 tuvimos la sensación de encontrarnos ante un gran vino europeo. Desvelado el misterio del nombre llegó la sorpresa de la añada, ¡2015! ¡Qué bien envejecen estos vascos!

Itsasmendi 7 con algunos años encima se muestra estructurado, untuoso, con cuerpo, no tiene madera pero se nota el buen trabajo de lías. Es un perfecto vino gastronómico, ofrece una acidez armoniosa que lo mantiene muy vivo y enfatiza su carácter atlántico. Es complejo, elegante y promete aún algunos años de felicidad.

Conviene hacerse con unas botellas de Itsasmendi 7 y tener paciencia, la más heroica de todas las virtudes, aunque cueste evitar la tentación del placer inmediato.

Alicia Estrada

93 LA VANGUARDIA PUNTOS

Sin Palabras Edición Especial 2018

DO RÍAS BAIXAS. CASTRO BREY (Vila de Cruces, Pontevedra)
Albariño 5 años sobre lías
30€

Me sorprende, siempre me sorprende esta bodega. A menudo pensamos en los albariños desde una mirada única: vinos jóvenes, atlánticos y punzantes. Si ampliamos visión llegaremos incluso al albariño con crianza, con un toque de madera y más habitualmente con maduración sobre lías. Recuerdo igualmente algún meritorio albariño de perfil dulce. Sin embargo, es llegar a Castro Brey y comenzar a divertirme con nuevos vinos, nuevas interpretaciones del albariño y siempre buenas sorpresas.

Entre las felices alegrías se encuentran albariños elaborados en damajuanas, albariños hechos con raspón, otros a partir de mosto flor, albariños madurados en ánfora, en hormigón –una de sus últimas creaciones—y por supuesto las ediciones especiales que nos permiten disfrutar de albariños complejos, vinos con 5 años de crianza sobre lías en cubas de acero inoxidable. Es un vino de un brillante color amarillo, muy expresivo, se nota la fruta blanca madura y las notas dulces. En boca es fresco, cremoso, graso y con volumen.

El viñedo de Sin Palabras crece emparrado entre bosques de ribera y tierras de laboreo. Son cepas albariñas de 50 años de la subzona del Ulla, un área de interior próxima a Santiago que cuenta con un clima menos extremo que los albariños costeros, aunque con mayores diferencias térmicas y una mayor altitud, entre 80 y 120 metros, lo que conforma blancos de acidez *'humana'*, muy afrutados. Estoy con Cunqueiro, el albariño siempre me llega limpio y nostálgico como un Duque de Aquitania. **Alicia Estrada**

93 LA VANGUARDIA PUNTOS

Indígena Blanco 2024

DO PENEDÈS. PARÉS BALTÀ (Pacs del Penedès, Barcelona)
100% garnacha blanca 14€

La colección R-Evolución es un homenaje a las enólogas de la familia, Marta Casas y María Elena Jiménez, que han convertido Parés Baltà en una de las bodegas más estimadas, auténticas e innovadoras del Penedès. Es una gama de vinos mayoritariamente monovarietales, elaborados con variedades autóctonas de la zona, como xarel·lo, garnacha, macabeo, sumoll o malvasía de Sitges, con vinos de excelente relación calidad-precio y adaptables a cualquier situación y a todo tipo de públicos.

Entre sus vinos blancos, Còsmic sería su expresión del xarel·lo del Penedès y Espígol su expresión de la malvasía de Sitges. Pero el que más nos gusta, posiblemente el más sorprendente de los tres, es el Indígena Blanco, porque es un monovarietal 100% garnacha blanca, una variedad muy minoritaria en el Penedès.

La primera impresión ya es reveladora, porque en nariz muestra intensos aromas a fruta blanca madura, casi confitada, con sus características notas cremosas del trabajo de 3 meses con sus propias lías finas en depósitos de acero inoxidable. En boca, enseguida se percibe su volumen y amplitud, con una textura grasa que le da envergadura, profundidad y longitud. Vino ecológico, de cultivo biodinámico y apto para veganos.

Parés Baltà es una de nuestras bodegas favoritas en Catalunya. En ediciones anteriores de esta guía, con importantes reconocimientos, como el Premio Mejor Bodega Familiar 2022 y Premio Mejor Vino Blanco de España 2023 con su Satèl·lit 100% cariñena blanca.

Lluís Tolosa

92
LA VANGUARDIA
PUNTOS

Verdea 620 Albarín Blanco 2023

DO CANGAS. BODEGAS LA VERDEA (Puenticiella, Asturias)
100% albarín blanco
12 meses 19€

La viticultura heroica de montaña y las variedades autóctonas de Cangas del Narcea me sedujeron desde mi primera visita hace 15 años, cuando mi buen amigo Joaquín Fernández (Juaco, para los amigos) me invitó al encuentro anual de la Asociación de Museos del Vino de España, coincidiendo con la inauguración del nuevo Museo del Vino de Cangas.

Siempre tuvimos pendiente volver a Cangas, pero el tiempo pasa volando, hasta que este año coincidimos en Lanzarote, de nuevo con la Asociación de Museos del Vino, donde impartí una conferencia sobre tendencias mundiales en enoturismo. Juaco me propuso explicarlas en Cangas, así que me invitó como conferenciante a la XXIII Fiesta de la Vendimia.

La vitivinicultura en la zona se remonta al presunto diploma fundacional del templo de San Vicente de Oviedo (781). La primera referencia en el valle del Narcea se conserva en un original diplomático de cesión viñas (889). Pero fue con los monjes benedictinos del monasterio de Corias (1044) que se gestó un gran dominio feudal de villas, monasterios y heredades, que extendieron el cultivo de la viña por toda la comarca.

Hoy el monasterio milenario es el magnífico Parador de Corias, un alojamiento con historia donde Juaco nos recibió con una excelente cata de vinos entre amigos. El Verdea 620 expresa bien que es un albarín blanco, singular e identitario, atlántico y mineral, con producciones limitadísimas, solo 550 botellas. Además, supimos que esta pequeña bodega ha sido Mejor Bodega Española 2024 para la Federación Española de Cofradías Vinícolas. **Lluís Tolosa**

92
LA VANGUARDIA
PUNTOS

Viña Pomal Blanco Reserva 2020

DOCa RIOJA. BODEGAS BILBAÍNAS (Haro, La Rioja)
75% viura, 20% garnacha blanca, 5% tempranillo blanco
36 meses 15€

Viña Pomal recupera con este vino la tradición de la Rioja Alta en la elaboración de grandes vinos blancos de guarda. Cuidadosamente concebido, con las tres variedades blancas tradicionales de Rioja, viejas viuras de 40 años, garnacha blanca y tempranillo blanco del entorno de Haro, punto de encuentro de las influencias mediterráneas y atlánticas.

Las tres variedades se vinifican por separado, con corta crianza de 6 meses en barricas de roble francés y americano que le aportan volumen y complejidad. Luego buscan el mejor ensamblaje de los tres vinos en tina de madera, para posteriormente disfrutar de una larga crianza de 36 meses en barrica de roble y 12 meses de afinado en botella. Denso y sedoso, fruta de hueso madura, mieles, frutos secos y tostados, con notas a hierbas aromáticas y un punto final de salinidad. Evolucionará muy bien en botella.

Bodegas Bilbaínas es pura historia de Rioja. Desde que los Hermanos Sauvignon llegaron al Barrio de la Estación de Haro (1859), pasando por la fundación de Bodegas Bilbaínas (1901). Entre sus méritos, el registro de embotellado más antiguo de La Rioja, la mayor propiedad de viñedo de Haro (225 ha), 3.400 m2 de calados históricos y 5.500 m2 de jardines.

Merecido premio Best Of Wine Tourism Bilbao-Rioja 2025, concedido por Great Wine Capitals (GWC). Los miembros del jurado valoramos su amplia propuesta enoturística y el impecable estado de su arquitectura histórica. Primero recibieron el premio en el auditorio del Guggenheim (Bilbao) y después el premio internacional en Verona (Italia). **Lluís Tolosa**

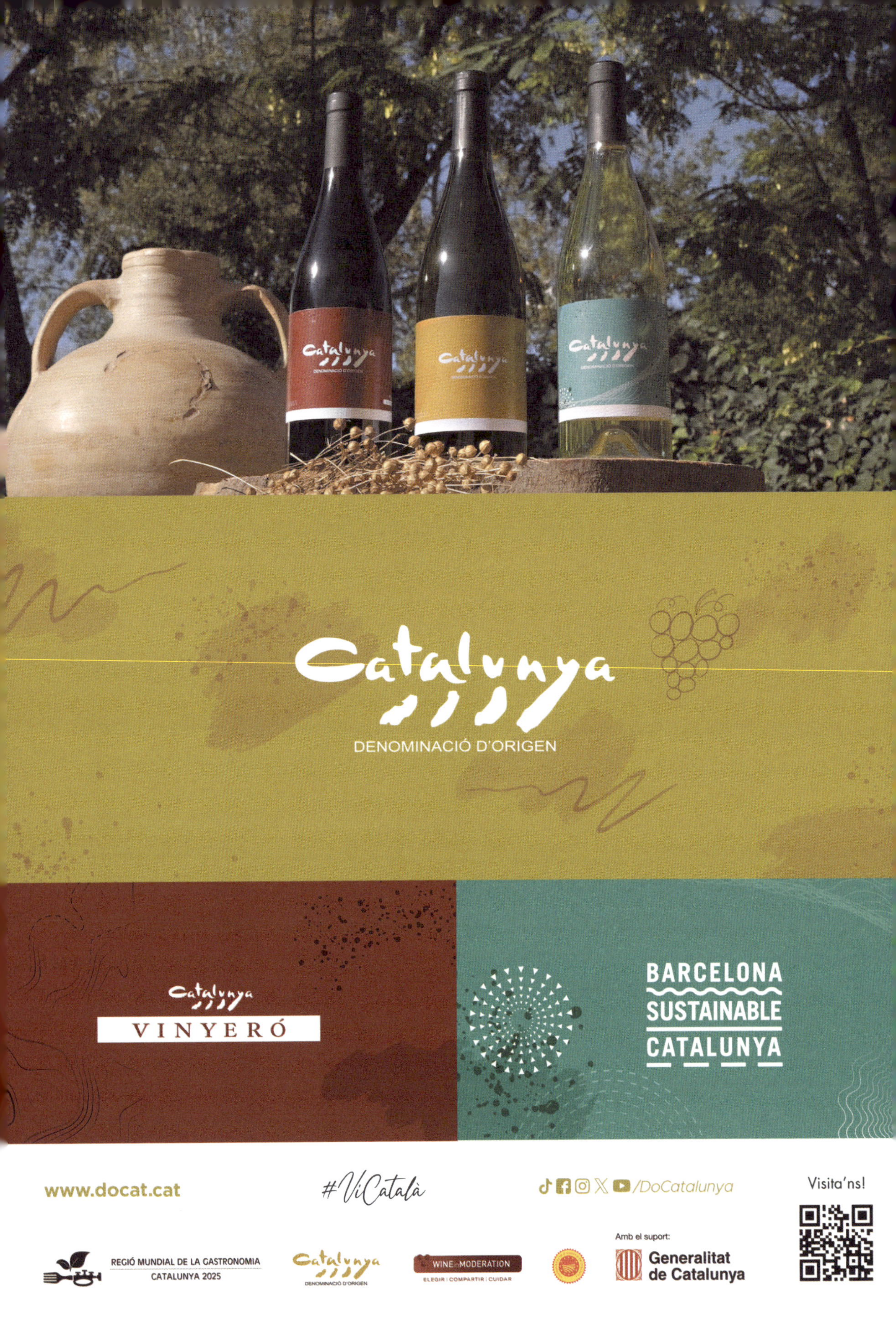
Catalunya
DENOMINACIÓ D'ORIGEN
Catalunya
VINYERÓ
BARCELONA
SUSTAINABLE
CATALUNYA
www.docat.cat
#ViCatalà
/DoCatalunya
Visita'ns!
REGIÓ MUNDIAL DE LA GASTRONOMIA
CATALUNYA 2025
Catalunya
DENOMINACIÓ D'ORIGEN
WINE in MODERATION
ELEGIR | COMPARTIR | CUIDAR
Amb el suport:
Generalitat
de Catalunya

Mas de la Pansa Parellada 2019

DO CATALUNYA. MAS DE LA PANSA (Vila-rodona, Tarragona)
100% parellada **1 mes**
26€

Cuando publicamos la *Guia d'Enoturisme de la Conca de Barberà* (2021), los vinos de Mas de la Pansa estuvieron entre los mejor puntuados de todos los vinos recomendados. La sumiller Imma Soler fue una de las jóvenes promesas que salieron del Viver de Celleristes, entusiasmada con elaborar vinos de sus viñas familiares. Pero en muy poco tiempo se ha consolidado como una de las mejores elaboradoras, no solo con la autóctona trepat, sino también con esta magnífica parellada.

Este viñedo de 1 hectárea fue plantado en 1956 en la ladera norte del municipio de Vila-rodona, con viejas viñas en vaso de rendimientos muy bajos. Muestra la esencia de la parellada, conocida por su elegancia, suavidad y frescura. Fruta blanca, pera madura, manzana verde, notas florales, azahar, notas herbáceas, hinojo, con suave final cítrico refrescante. DO Catalunya porque sus viñas están entre las comarcas del Alt Camp y la Conca de Barberà.

La etiqueta muestra un arado que simboliza una historia familiar. Su abuelo tuvo que comprar un caballo para sustituir a una mula tozuda que lo destrozaba todo. Un día, cuando estaba arando con el caballo, se le paró de golpe y no hubo forma de que avanzara. Pensando que se repetía de la historia de tozudez, siguió insistiéndole al caballo, pero no se movió ni un milímetro. Entonces vio que delante del caballo estaba su hijo, aún pequeño, el padre de Imma, que había ido a buscarle al campo. Son las ventajas de cambiar una mula tozuda por un caballo noble. Y la prueba de que Imma ya llevaba todo esto en la sangre. **Lluís Tolosa**

92
LA VANGUARDIA
PUNTOS

Las Varas Malvar 2023

VT CASTILLA. ALTO DE PIOZ (Pioz, Guadalajara) Malvar, torrontés 8 meses 35€

Primer vino de esta bodega, absolutamente sorprendente por su personalidad, que muestra toda la esencia del paisaje de la Alcarria, la comarca castellana que rodea la ciudad de Madrid, inspiradora de célebres obras literarias, como el *Viaje a la Alcarria* de Camilo José Cela, Premio Nobel de Literatura 1989.

Elaborado a partir de la variedad autóctona malvar, casi desaparecida, procedente de un viñedo en vaso de más de 80 años, en el límite entre la Alcarria y Madrid, en el paraje conocido como las 80 varas, junto a una cañada histórica de trashumancia utilizada desde época medieval, entre encinares y alcornocales de la meseta castellaba, a más de 800 metros de altitud.

Es un vino original, diferente y con personalidad, la del propio enólogo Aurelio García Herraiz, buen conocedor de las variedades autóctonas españolas, que muestra la profundidad frutal de la malvar, en este caso sobre suelos arcilloso-calcáreos, que potencian su carácter mineral, con una pequeña proporción de torrontés, que le aporta matices florales.

Tras paso por fudre de roble francés y afinado en depósito de hormigón, expresa fruta de hueso, melocotón, pera madura, recuerdos a hierbas aromáticas, flores secas, monte bajo, con un buen equilibrio entre el punto de acidez, las notas salinas y los matices minerales, con la envoltura de madera, cremosa, voluminosa, muy bien integrada. Podríamos puntuarlo mucho mejor, pero es su primera añada, hay que ver su evolución y sus próximas añadas, sin duda un gran proyecto a seguir. **Lluís Tolosa**

90 LA VANGUARDIA PUNTOS

Ànima Nua Cor Viu 2023

DO CONCA DE BARBERÀ. CELLERS DOMENYS (Rocafort de Queralt, Tarragona) Macabeo, parellada 8€

Medalla de Oro al 'Mejor Vino Blanco de Crianza' en los Premios Sigillum 2025 de la DO Conca de Barberà. Meritorio para esta gama de precios y prueba contundente de la excelente relación calidad-precio de los vinos y cavas que están elaborando en Cellers Domenys.

La serie Ànima Nua Cor Viu es una colección de vinos ecológicos elaborados en el Penedès y en la Conca de Barberà bajo criterios de respeto por el medio ambiente y la sostenibilidad, en este caso de sus viñas de certificación ecológica en la Conca de Barberà (Tarragona).

Se elabora con macabeo y parellada de viñas de 20-35 años cultivadas sobre suelos predominantemente arcillosos, a 450 metros de altitud media, en la Tarragona interior, donde el clima mediterráneo adquiere cierta influencia continental y junto al entorno montañoso generan contrastes térmicos acentuados, que en el viñedo facilitan unas maduraciones más lentas y equilibradas, que aportan frescor a estas dos variedades. Expresa fruta madura de pulpa blanca, pera y manzana, notas a albaricoche, matices especiados y anisados, un punto cremoso que le aportan sus 5 meses sobre sus propias lías en depósito de acero inoxidable, con finas notas finales herbáceas y balsámicas, que le aportan frescor.

Su bodega modernista de Rocafort de Queralt fue la primera bodega proyectada por el arquitecto Cèsar Martinell, discípulo de Antoni Gaudí, que luego sirvió de modelo para la construcción de otras bodegas modernistas, hoy conocidas como *Catedrales del Vino*.

Lluís Tolosa

por sus variedades internacionales

Entre las **variedades blancas internacionales**, este año destacamos vinos elaborados con chardonnay, viognier, chenin blanc, a veces monovarietales y otras veces complementadas con alguna variedad autóctona.

Entre las **variedades tintas internacionales**, hemos elegido monovarietales 100% syrah y 100% merlot localizados en zonas muy concretas donde se han adaptado desde hace años.

Premio Mejor Vino Blanco para Chivite Colección 125 Chardonnay, creado para conmemorar el aniversario de la primera exportación de la bodega, uno de los mejores chardonnay de España.

97 LAVANGUARDIA PUNTOS

Chivite Colección 125 2023

PREMIO MEJOR VINO BLANCO LAVANGUARDIA 2026

IGP 3 RIBERAS. CHIVITE (Villatuerta, Navarra) 100% chardonnay 12 meses 60€

La Colección 125 se elaboró con el fin de conmemorar el aniversario de la primera exportación de la bodega, rindiendo homenaje a su espíritu pionero. Este vino siempre ha sido uno de mis vinos blancos españoles favoritos y sin duda es uno de los mejor elaborados con esta variedad de uva foránea.

Este 2023 es intenso y voluptuoso, listo para su consumo, pero se trata de un vino con gran potencial de envejecimiento. En palabras del propio Julián Chivite, la variedad encontró en la Finca Legardeta un entorno único y apropiado para su desarrollo, donde confluye un clima y suelo perfecto. La altitud roza los 500 metros, el suelo contiene arcilla y limos, y se beneficia de una orientación norte que protege el viñedo de la excesiva insolación.

En su elaboración las uvas se prensan suavemente tras una breve maceración, seleccionando exclusivamente el mosto yema de más calidad, que fermenta y madura junto a sus lías en suspensión, aportándole cierto volumen. Su crianza es de 12 meses en barricas de roble francés, que marcará el carácter del vino. En la vista es brillante, de color amarillo limón intenso. Sus aromas son frescos, a fruta cítrica como limón, manzana verde, fruta tropical tipo piña, herbáceos y toques balsámicos. Aparecen además otros aromas que se ensamblan a la perfección, son los derivados de la barrica, como incienso, nuez moscada y finos ahumados. En la boca es amplio, sutil y voluptuoso, pero vertical. En su final repican las notas de crianza y finos recuerdos de su estancia en barrica.

María José Huertas

96
LA VANGUARDIA
PUNTOS

Font de la Figuera Blanco 2023

DOQ PRIORAT. CLOS FIGUERAS (Gratallops, Tarragona) 60% viognier, 35% garnacha blanca, 5% chenin blanc 4 meses 33€

Los vinos son las personas que los hacen. Y este vino está hecho por una de las familias más queridas y admiradas del mundo de la enología. Una bodega de primera generación, pero con mucha solera. Christopher Cannan, el gran *gentleman* del comercio internacional del vino, junto a su hija, Anne Josephine, eligieron Gratallops.

Dice mucho de este inglés, que fue quien mostró los vinos del Priorat al gurú Robert Parker, que de todas las zonas del globo terrestre escogiera justamente el Priorat. En su libro, *Un viaje por el mundo del vino* (premio Gourmand World Awards, 2025) nos explica la evolución de los mercados internacionales y cómo exportó por el mundo marcas como Vega Sicilia, CVNE y otras. Una autobiografía que tendría que ser un manual en los estudios de sumillería.

Font de la Figuera es un vino de poca producción y raro en el Priorat. Anne Cannan me cuenta que este blanco en tierra de tintos viene de una equivocación en el pedido de las cepas. Si es que la vida va de eso, de pequeñas grandes casualidades que te hacen la vida mejor. Da un blanco de amplia fruta madura, especiado y glicérico. No te voy a engañar, Anne Cannan es mi amiga y también la fundadora de la asociación Mujeres del Vino, que nace precisamente en su bodega hace una docena de años, antes de que ni se hablara del *#metoo.* Una asociación de bodegueras, periodistas, sumilleres, comerciales y directivas, que trabaja para poner el foco en las mujeres que también hacen grande, interesante, profesional y competente el mundo del vino. **Meritxell Falgueras**

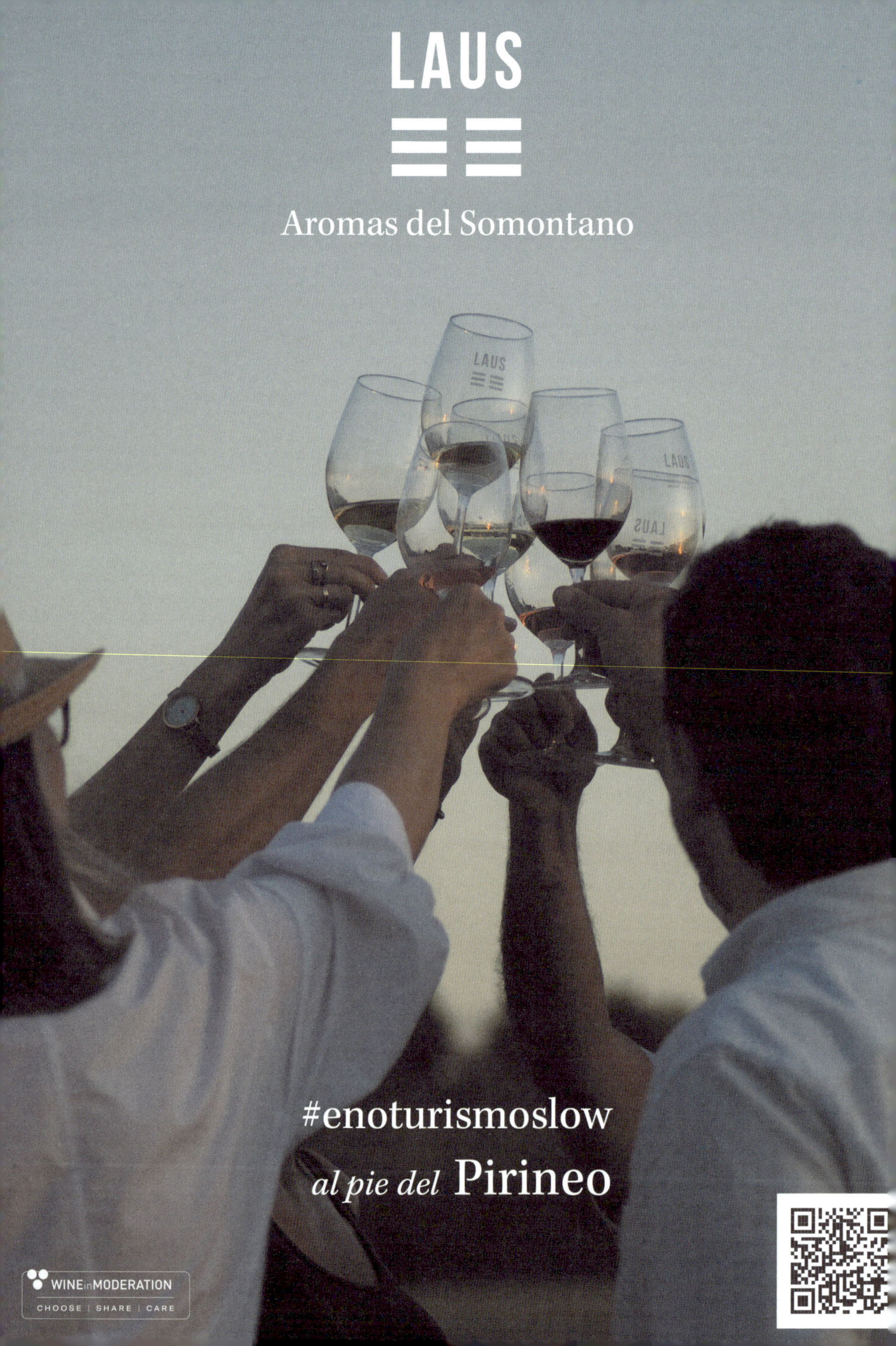
LAUS
Aromas del Somontano
#enoturismoslow
al pie del Pirineo
WINE in MODERATION
CHOOSE | SHARE | CARE

96
LA VANGUARDIA
PUNTOS

Enate Merlot-Merlot 2022

DO SOMONTANO. ENATE (Salas Bajas, Huesca) 100% merlot 14 meses 22€

El vino y el arte comparten una misma ambición: emocionar. Ambos nacen del deseo de conmover los sentidos, pero también de invitar a pensar. Cuando uno aprende a mirar un cuadro o a catar un vino, descubre capas ocultas, matices que solo se revelan al que sabe detenerse.

En Enate, la unión entre arte y vino adquiere una dimensión única. Desde 1992, nombres como Saura, Chillida o Tàpies han dialogado con sus botellas, vistiendo el vino con trazos de arte contemporáneo. Detrás del proyecto, la familia Nozaleda y Jesús Artajona, el mítico enólogo que apostó por el Somontano cuando aún era un territorio por descubrir. Venía de liderar las bodegas Torres, probó varios vinos de la zona y quedó fascinado. Se subió a aquel tren, joven y soñador, decidido a dar forma a su sueño. Enate eligió varietales internacionales con determinación y carácter.

El Merlot-Merlot fue su revolución, el fruto más noble de una parcela excepcional. En 1998 fue reconocido como el tercer mejor vino tinto de España, su fama creció entre quienes buscaban modernidad y sabor. Su etiqueta, obra de Frederic Amat, muestra círculos concéntricos que simbolizan ese viaje al núcleo, a la esencia. En boca, el vino es pura tinta china, con taninos de seda y un corazón de mora, pimienta y sol mediterráneo. Su textura acaricia, su madurez abraza, el roble francés le otorga profundidad y elegancia.

Una visita a las bodegas Enate se asemeja a recorrer un museo: las paredes exhiben lienzos y las copas brindan obras de arte líquidas. Porque aquí el vino no solo se degusta, también se contempla.

Ferran Centelles

93 LA VANGUARDIA PUNTOS

Cerro del Lobo Finca Río Negro 2021

VT CASTILLA. FINCA RÍO NEGRO (Cogolludo, Guadalajara) Syrah 12 meses 28€

La syrah llegó a nuestro país procedente del Ródano en el último cuarto del siglo pasado, rodeada de vítores y aplausos, tantos, que hoy la variedad se puede encontrar con facilidad en toda la España mediterránea y continental. Aunque la syrah aguanta muy bien el calor, el perfil de los vinos elaborados en nuestro país cambia drásticamente respecto a los franceses, mostrándose aquí más maduros y menos ácidos. Algunos vinos, sin embargo, aguantan el tipo, como este Cerro del Lobo que ofrece una excelente frescura.

Sin duda, la Finca Río Negro ofrece unas cualidades excepcionales para el desarrollo de vinos de calidad. La altitud, con el viñedo a casi 1.000 metro, determina una insolación menor que en otros puntos de la meseta, de tipo más continental, con inviernos heladores. Con razón llaman a esta zona la *'Siberia española',* incluso con veranos de cierta frescura. La uva progresa así con un ritmo equilibrado que incluso traslada las vendimias a principios de octubre. Si a las dificultades por la altitud le sumamos un suelo pobre con un subsuelo calizo, tendremos las circunstancias óptimas para conseguir un tinto opulento, potente y de buena frescura, con una acidez que equilibra bien el grado. Doce meses en barricas de roble francés domestican los taninos de la syrah sin opacar la fruta, que sigue muy presente.

Los vinos de altura, sacrificio y dureza, como Cerro del Lobo, a menudo encierran una estimulante lección de vida: ¡siempre es demasiado temprano para rendirse!

Alicia Estrada

92 LA VANGUARDIA PUNTOS

Arínzano Merlot 2019

DO PAGOS DE ARÍNZANO.
ARÍNZANO (Aberín, Navarra)
100% merlot 14 meses
43€

Hablar de la variedad merlot en España es hablar de adaptación, intuición y respeto por la tierra. No es una variedad nacida aquí, pero cuando encuentra un lugar que la acoge con sensibilidad y equilibrio, se transforma. Es el caso del Arínzano Merlot Agricultura Biológica, un vino que demuestra que las fronteras varietales son tan permeables como la pasión de quién las trabaja.

Tras este vino hay un nombre, José Manuel Rodríguez, el enólogo que ha sabido traducir la complejidad del paisaje en elegancia líquida. Su trabajo se caracteriza por la precisión, la calma y la observación paciente. *"El vino no se fuerza, se acompaña"*, suele decir. Y esa frase resume su filosofía.

Este vino combina la pureza del fruto con la serenidad de la tierra. En cada añada, el objetivo es capturar la esencia del lugar, más que la técnica, con mínimo intervencionismo. Tras 14 meses en barrica de roble francés, mitad nuevas y mitad de segundo uso, logra un equilibrio perfecto entre frescor y profundidad.

Color rubí intenso y brillante, con reflejos violáceos que revelan su juventud y energía. Fruta roja madura, cereza, frambuesa, ciruela, notas florales y matices a cacao. No puedo parar de seguir bebiéndolo. En boca, sorprende su textura sedosa, paso elegante y equilibrio entre frescura y estructura. No es un merlot exuberante, ni goloso, sino un vino fino y honesto, que habla de su origen, con un ligero toque balsámico que le da longitud y armonía al conjunto. ¡Una gozada! ¡Mientras escribo, en una noche lluviosa, daría lo que fuese por degustarlo ahora mismo!

Zoltan Nagy

por su finca excepcional

Algunas fincas excepcionales se encuentran en denominaciones de origen que de por sí ya son paisajísticamente excepcionales, como **Priorat, Valdeorras o Lanzarote.**

Otras fincas excepcionales se encuentran en denominaciones de origen con subzonas muy diferenciadas, como **Rioja o Costers del Segre**, donde la excepcionalidad puede resultar sorprendente.

Este año hemos dedicado una mención especial a **tres fincas murcianas** excepcionales, en Bullas, Yecla y Jumilla. Y finalmente destacamos una finca muy excepcional en el **Principat d'Andorra**.

98 LA VANGUARDIA PUNTOS

El Cel 2022

DOQ PRIORAT. MERVM PRIORATI (Porrera, Tarragona) 35% garnacha tinta, 25% cabernet sauvignon, 20% cariñena, 25% syrah 15 meses 97€

Este vino que es un homenaje a la viticultura heroica, con sus pendientes medias del 35% que exigen una dedicación totalmente artesanal. Por ello esta bodega es miembro de CERVIM, la organización dedicada a preservar y salvaguardar la viticultura de estas montañas.

Pere Ventura Family Wine Estates está vinculada al cava desde finales del siglo XIX y bajo este paraguas tienen diferentes bodegas: Pere Ventura (DO Cava), Can Bas (DO Penedès) y Mervm Priorati (DOQ Priorat). Su vino Destí fue reconocido como el cuarto mejor en la lista *Wine Spectator's Top 100 Wines of the World.* El gran trabajo que hacen con las viñas viejas de El Cel también quedó premiado con 97 puntos en *Decanter.*

Precisamente El Cel ha triunfado en la prestigiosa cata de vinos organizada por la revista norteamericana *Wine Spectator New York Wine Experience* junto a bodegas tan prestigiosas como Vega Sicilia. Su secreto para llegar tan alto es la maceración de la uva y la fermentación a temperatura controlada en depósitos de acero inoxidable. Después de 30 días con remontados manuales, una prensada suave y sangrado por gravedad. El vino pasa a botas nuevas de roble francés y tostado medio. EL vino hace la fermentación maloláctica en la misma barrica en la que permanece 15 meses. El resultado es un vino profundo, mineral, con notas a yeso y fósforo, donde la fruta, ciruela, higo, arañones, sigue siendo el protagonista. Un paladar exquisito, íntimo, firme, con taninos dulces que lo hacen memorable.

Meritxell Falgueras

98
LA VANGUARDIA
PUNTOS

Peirón 2023

DO VALDEORRAS. ADEGA O CABALÍN (Vilamartín de Valdeorras, Orense) Mencía, merenzao, brancellao, garnacha tintorera 20€

"El viejo pretoriano convertido en agricultor, que cultiva su trigo, cría su ganado y planta las primeras viñas a orillas del Sil." Así reza la lápida de Lucius Pompeius Reburro, hallada en A Cigarrosa y datada en el siglo II dC.

Tal vez sea el primer viticultor conocido de Valdeorras, donde el vino nació como un gesto de civilización. Hoy, entre sus caminos suntuosos que miran al Sil y sus suelos de pizarra brillante, la región sigue rindiendo culto a esa herencia romana. Famosa por sus blancos de godello, también sorprende con tintos de alma borgoñona: regalos de Dionisio para los hombres.

Os presento un vino que me maravilló en una cata a ciegas. Una revelación llamada Peirón 2023, de Adega O Cabalín. Su elegancia, profundidad y tensión mineral me deslumbraron tanto que tuve la imperiosa necesidad de conocerlos. María Teresa López Fidalgo, heredera de tres generaciones, y Luis Peique, viticultor berciano de quinta generación, fundaron en 2015 esta pequeña joya de 3 hectáreas y 48 parcelas centenarias. Recuperan viejos clones de mencía y cultivan con respeto absoluto por la tierra.

Peirón es un vino de pureza conmovedora. Notas a violeta, grafito y fruta azul, textura delicada y elegancia silenciosa que cautiva. Solo 2.000 botellas que condensan historia, paisaje y alma. Beber Peirón es brindar con los siglos, alzar la copa hacia el Sil y dedicar un último pensamiento al primer viticultor de estas tierras. Por él, por su sueño, por la belleza que aún madura en Valdeorras: *propino tibi, viejo pretoriano.* **Ferran Centelles**

96
LA VANGUARDIA
PUNTOS

Marqués de Vargas Hacienda Pradolagar 2018

DOCa RIOJA. MARQUÉS DE VARGAS (Logroño, La Rioja)
75% tempranillo, 25% mazuelo
26 meses 160€

En 2017, la DOCa Rioja estableció nuevas categorías para reconocer la calidad y procedencia de sus mejores vinos. En la cumbre de su pirámide de calidad situó la categoría de 'Viñedo Singular' para distinguir los vinos de parajes y viñedos singulares.

Hacienda Pradolagar 2017 fue la primera añada que Marqués de Vargas sacó al mercado con esta nueva categoría de 'Viñedo Singular'. Es su vino más exclusivo, con el nombre de la finca que rodea la bodega. Solo se elabora en grandes añadas, solo de las viñas de 40 años de la parcela La Victoria, con sus característicos suelos de gravas, piedras y guijarros.

Hacienda Pradolagar 2018 ha dado un paso más en la personalidad de este vino, aumentando del 20% al 25% la proporción de mazuelo, que tradicionalmente complementa al tempranillo aportándole color estable, acidez y taninos abundantes, tres factores clave para las largas crianzas de los vinos de Rioja. De ahí también que la crianza haya pasado de 20 meses en la añada 2017 a 26 meses en la añada 2018. También son dos añadas diferentes en climatología, la 2017 muy precoz, con el ciclo vegetativo adelantado dos semanas, mientras la 2018 es de ciclo más lluvioso, de perfil más atlántico.

Gran tempranillo con alma de mazuelo. Expresivo de una finca singular. Equilibrio entre potencia y elegancia. Auténtico vino de guarda, de producción limitada y numerada. Concentrado y maduro. Fruta negra, aceituna, regaliz, chocolate negro, cuero, especias, tostados y balsámicos, con los taninos maduros, finos y golosos. Excelente trabajo de su enóloga Ana Barrón y su asesor técnico Xavier Ausás.
Lluís Tolosa

95
LA VANGUARDIA
PUNTOS

Bernabeleva Carril del Rey 2022

DO VINOS DE MADRID.
Bernabeleva (San Martín de Valdeiglesias, Madrid)
Garnacha tinta 12 meses
34€

En 1923 el ingeniero agrónomo Vicente Álvarez-Villamil compró una gran finca en San Martín de Valdeiglesias, a los pies de los Toros de Guisando, y la dedicó a vivero de vid. Tras la guerra civil, la finca del ingeniero republicano cesó la actividad. El viñedo pudo mantenerse, mejor o peor, hasta que en 2007 los biznietos del fundador se liaron la manta a la cabeza y con la asesoría del enólogo Raúl Pérez volvieron a llenar de vida y viña la finca.

Bernabeleva es una preciosa finca con 35 hectáreas de viñedo viejo, situada a 700 metros de altitud. Carril del Rey es una de las diferentes parcelas en que se divide y laborea la finca. Se trata de un viñedo de 75 años de edad, mayoritariamente de garnacha tinta. Está situado en una ladera que mira al sur y como toda la finca recibe la influencia del clima de montaña que le llega desde la sierra de Gredos. Son ya excelentes atributos para hacer un buen vino, pero quizás sea el suelo el que mayor personalidad aporte a Carril del Rey.

Dicen que las tres “Ges” son invencibles, refiriéndose a los vinos triunfadores que surgen de la feliz conjunción de Gredos, Garnacha y Granito. Los suelos fríos de granito meteorizado hacen que la uva madure sin colapsos a pesar del clima extremo y trasmiten al vino una mineralidad y un frescor reseñables. Resulta también excepcional el perfil de las garnachas de Bernabeleva, muy esencial, desnudo, puro... como esos sonidos que nos recuerdan el silencio y se alejan de melodías fáciles. **Alicia Estrada**

94 LA VANGUARDIA PUNTOS

Purgatori 2022

DO COSTERS DEL SEGRE.
FAMILIA TORRES (Juneda, Lleida)
Garnacha, gonfaus
9-12 meses 34€

Según la leyenda, algunos barriles desaparecían misteriosamente. Muchos creían que los ángeles se los llevaban al cielo. Si en este capítulo destacamos vinos que proceden de fincas excepcionales, no podía faltar el Purgatori.

La historia se remonta al año 1770, cuando la abadía de Montserrat ordenó la construcción de la finca l'Aranyó en un lugar lejano al monasterio, donde el clima es extremo y el cultivo es especialmente duro. Allí se enviaba a los frailes desobedientes, para que cumplieran penitencia y purgaran sus pecados labrando estas tierras inhóspitas. Pero pronto descubrieron que esta finca daba unos vinos superiores.

En la edición 2022 de esta guía premiamos El Purgatori 2018 como el Mejor Vino de Catalunya, con gran calidad desde su primera añada 2012. En esencia, representa la recuperación de una finca histórica en la comarca de Les Garrigues (Lleida), adquirida por la familia Torres a finales de los años noventa para recuperar el cultivo de la viña, abandonado durante años. Miquel Torres Maczassek, quinta generación de la familia, con el enólogo David Barriche, hicieron la nueva bodega en 2018, preservando la antigua masía de los monjes.

Cultivan 200 hectáreas en ecológico, con 50 hectáreas destinadas al Purgatori. En todas sus añadas destaca por su finura y complejidad, como si realmente estuviera tocado por los ángeles. Ahora añade otro reto, incorporarle progresivamente la variedad gonfaus, una de las variedades ancestrales que la familia está recuperando, localizada en 1998, muy bien adaptada a esta finca leridana del Purgatori.

Lluís Tolosa

94
LA VANGUARDIA
PUNTOS

Bruma del Estrecho de Marín Parcela Vereda 2022

DO JUMILLA. BODEGAS VIÑA ELENA (Jumilla, Murcia)
100% monastrell **10 meses**
24€

Viña Elena (1948) es una de las bodegas históricas de Jumilla, actualmente con la tercera y cuarta generación familiar al frente. Visita imprescindible, por su historia, la calidad de sus vinos y el encantador espacio gastronómico que han creado, rehabilitando la bodega y la antigua casa familiar, La Casa de los Abuelos, donde pudimos comer y catar sus vinos.

La colección Bruma del Estrecho de Marín es el proyecto personal de Elena Pacheco, gerente de Bodegas Viña Elena, con Isio Ramos, gerente de Enologus, dedicado a la distribución de vinos. Su proyecto conjunto es la elaboración de vinos 100% monastrell de diferentes parajes y parcelas, dejando que cada viña exprese su microclima, suelo, localización y edad, practicando diferentes métodos de cultivo y elaboración aprendidos de los agricultores locales.

La Parcela Vereda recuerda la antigua vereda que transcurre por el lateral de la viña, por donde años atrás se hacía la trashumancia de los toros. Monastrell de pie franco plantado en 1973, con dos tipos de suelo muy evidentes. Una ladera con arena blanca, calcárea y pobre, que aporta salinidad a la monastrell, y una parte baja más arcillosa y fresca. Para este vino eligieron solo las cepas sobre suelos calcáreos de arena blanca, para que la frutosidad de la monastrell exprese salinidad y tensión. Elaborado en tina de roble francés con levaduras autóctonas. Crianza de 10 meses en barricas de roble francés de 500 litros. Expresivo de sus suelos, mediterráneo, complejo y jugoso, especiado y balsámico, con la tensión de su punto de acidez y salinidad. Producción limitada, 1.997 botellas.
Lluís Tolosa

93
LA VANGUARDIA
PUNTOS

Casus Belli Terra Negra 2018

PRINCIPAT D'ANDORRA.
CASUS BELLI (Ordino, Andorra)
100% pinot noir 14 meses
45€

Entre las fincas excepcionales, estas serían las de máxima excepcionalidad. Situadas en Ordino, son las más altas del Principat d'Andorra, cultivadas entre 1.240 y 1.322 metros de altitud, las únicas que se encuentran fuera de la parroquia de Sant Julià de Lòria.

Casus Belli, la expresión latina para referirse al *motivo de guerra*, porque estos viñedos están en lucha continua contra los elementos naturales. Además de la altitud, los inviernos son largos, con nevadas habituales, temperaturas bajo cero y heladas que se prolongan hasta primavera. En un valle encajonado entre montañas, donde el sol tarda en salir y se esconde pronto, la viña tiene muchas horas de umbría, con fuerte contraste térmico entre día y noche.

Si le sumamos las fuertes pendientes del valle, que obligan a escalonar las viñas con grandes muros de piedra, parece increíble que sobrevivan 20.000 cepas heroicas, apenas 3 hectáreas. La zona fue declarada Reserva de la Biosfera por la UNESCO (2020), por la convivencia y conservación del patrimonio natural, la actividad económica y el desarrollo sostenible.

La primera cosecha 2015 dio solo 720 botellas, así que además de heroico es un vino exclusivo, con todas las botellas numeradas. Nosotros hemos disfrutado la botella número 87, de las 625 botellas producidas. Es un pinot noir magnífico, complejo y elegante, con capacidad de guarda. Perfecto equilibrio entre intensidad de sabor y delicadeza de cuerpo y textura. Frutos rojos, frutillos silvestres, notas florales, matices especiados y envolturas a tomillo y lavanda, con la madera discreta y bien integrada.

Lluís Tolosa

93
LA VANGUARDIA
PUNTOS

Chupadero 2023

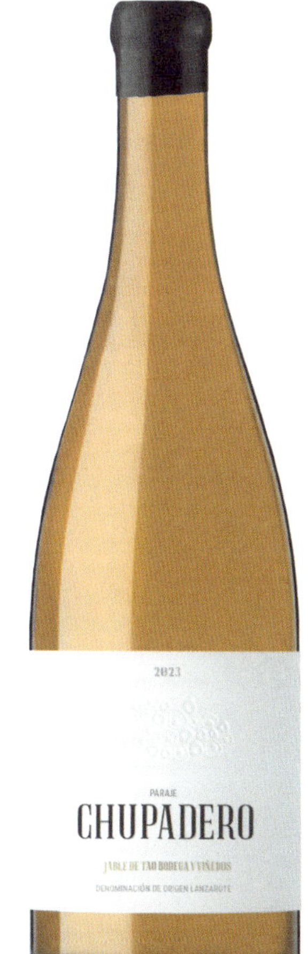

DO LANZAROTE. JABLE DE TAO (Lanzarote, Islas Canarias)
100% listán blanco 10 meses en huevos de hormigón 36€

Jable de Tao es una bodega que busca cumplir el sueño de elaborar vinos que evidencien su procedencia. Se trata de viñedos arraigados a uno de los suelos más especiales del mundo. Afortunadamente ese buen hacer se ha ido transmitiendo de generación a generación.

Chupadero es un vino blanco de paraje, varietal y elaborado con la variedad de uva listán blanco de viñedos de 100 años. Estos viñedos se asientan en una capa profunda de picón sobre suelo volcánico viejo y descompuesto. El cráter del Chupadero, volcán ya inactivo desde hace un siglo, se ubica en el corazón de La Geria. Sus viñas se encuentran plantadas en grandes hoyos de unos 5 metros de ancho por 3 metros de profundidad. Se añade, además la entrada de jables o vientos con conchas que se reflejará de alguna manera en el carácter del vino. Este suelo, por sus características especiales tiene mucho hierro y aportará al vino una personalidad única con buena fruta y estructura.

La fermentación se lleva a cabo espontáneamente en huevo de hormigón, sin aditivos, ni control de temperatura. En aromas se atisban notas a fruta blanca, limón, minerales, hidrocarburos y finos ahumados. En el paso de boca es frutal, goza de buena acidez, es muy mineral en todo su recorrido y para el final se reserva una sensación fresca y aterciopelada, así como salina. Es un vino que necesita oxigenarse, ya que al abrir la botella presenta cierta reducción.

María José Huertas

91 LAVANGUARDIA PUNTOS

Partal Autor 2019

DO BULLAS. BODEGA BALCONA (Bullas, Murcia) 50% monastrell, 25% syrah, 25% otras tintas 12 meses 19€

Bodega Balcona (1998) es una bodega familiar con viñedos propios en el valle del Aceniche, el paraje de mayor belleza de la DO Bullas, declarado de Interés Paisajístico y Zona de Especial Protección de Aves (ZEPA). Es un enclave natural privilegiado, situado a 850 metros de altitud, con un microclima propio, incluso con nevadas en invierno, donde la viña se cultiva entre las sierras y pinares que rodean el valle.

Pepa Fernández fue y sigue siendo la gran pionera del impulso del enoturismo en la zona, desde los inicios de la bodega en los años noventa y actualmente como presidenta de la Ruta del Vino de Bullas. La finca pertenece a la familia desde la década de 1940, cuando su abuela, Josefa, era conocida como la *balcona,* porque su casa tenía balcón. Durante años cultivaron cereales, pero poco a poco fueron reorientando su cultivo hacia el viñedo.

Su punto de inflexión fue asistir a una conferencia del enólogo Josep Lluís Pérez, el hombre discreto que gestó los vinos modernos del Priorat con René Barbier y otros visionarios. Escuchando al maestro, fue cuando decidió iniciarse en elaboración de vinos con capacidad de guarda en botella. Su máxima expresión es este Partal Autor, del que la añada 2006 se conserva perfectamente. Fruta madura, especias, tostados y cierto toque final balsámico y mineral, con recuerdos a grafito. Es un vino de guarda único en la DO Bullas. Su segunda evolución, en la que están ahora, es la tendencia a los vinos ecológicos y naturales. **Lluís Tolosa**

91
LA VANGUARDIA
PUNTOS

Uvas Contadas 2022

DO YECLA. **BODEGA CONDE DE MONTORNÉS (Yecla, Murcia)**
100% monastrell **9 meses**
14€

Monastrell de viñas viejas del paraje Cerro Maestre, a los pies del Monte Arabí, cuyas pinturas rupestres son Patrimonio de la Humanidad (UNESCO, 1998). Finca excepcional de casi 1.000 hectáreas, a 15 km de Yecla, en el límite con la provincia de Albacete, en pleno altiplano murciano en transición a la meseta castellana, a 800 metros de altitud, en un entorno de bosque y monte mediterráneo.

El encanto de Uvas Contadas es que conserva la elaboración tradicional en depósitos de hormigón, que potencian la expresión frutal de la monastrell. Fruta negra, cereza picota, notas minerales de los suelos calcáreos y tostados de su crianza en barrica, con las típicas notas a hierbas aromáticas que definen sus vinos, que aportan frescor y remiten a su entorno de monte bajo mediterráneo.

La bodega había pertenecido desde su fundación en el siglo XIX a la familia de D. Enrique María Trénor, III Conde de la Vallesa de Mandor, II Conde de Montornés, VIII Conde de Noroña y Grande de España. Al fallecer sin descendencia, la bodega ha iniciado una nueva etapa con la musculatura que aporta una distribuidora de Coca-Cola, que ha apostado por un nuevo equipo formado por Manuel Piqueras, Carlos M. Marco, Carlos Muñoz y Vicente Roig, algunos de ellos con tres generaciones de servicio al conde, además de los enólogos Pepe Mendoza y Maloles Blázquez. Juntos preparan uno de los mayores proyectos de enoturismo de la Ruta del Vino de Yecla, musealizando la bodega histórica para adaptarla para eventos y trasladando la producción a su finca excepcional a los pies del Monte Arabí. **Lluís Tolosa**

porque marcan tendencia

En este capítulo seleccionamos vinos que muestran algunas de las principales tendencias del sector del vino.

Como es un sector tan dinámico y complejo, prácticamente cada uno de los vinos elegidos es representativo de alguna gran tendencia.

En la tendencia a los **nuevos estilos** de vinos, mostramos cómo se adaptan a los nuevos gustos del consumidor, con vinos más frescos y ligeros, la tendencia a los vinos blancos de guarda y la tendencia imparable a la viticultura ecológica y biodinámica.

En cuanto a las **tendencias personales**, destacamos proyectos emergentes entre amigos, proyectos intergeneracionales entre padres e hijos, y proyectos sociales donde la viña y el vino se orientan a la obra social.

Premio Revelación del Año para el Cuatro Rayas Longverdejo, que representa la puesta en valor de la longevidad y capacidad de envejecimiento de la verdejo, en colaboración con el Instituto de Investigación de la Viña y el Vino (IIVV) de la Universidad de León.

96 LA VANGUARDIA PUNTOS

Muchada-Léclapart Lumière 2023

IGP CÁDIZ. MUCHADA-LÉCLAPART (Sanlúcar de Barrameda, Cádiz) 100% palomino 11 meses 57€

Un vino natural blanco con mucha luz que es un homenaje a la historia del marco de Jerez. Muchada-Léclapart es una colaboración entre Alejandro Muchada, viticultor gaditano autor del delicioso libro *Viñadores, Hijos de la Tierra del vino,* con ilustraciones de Ismael Pinteño, y David Léclapart, un *vigneron* francés, conocido por su gran trabajo en Champagne.

El resultado es pureza, mínima intervención y una pequeña bodega a la medida del hombre, con viñedo propio para unas 15.000 botellas al año. Todos los vinos son parcelarios, artesanales y biodinámicos. Este monovarietal de palomino proviene de un viñedo con más de 70 años de selección masal, tiene como cuna la albariza de Miraflores, en Sanlúcar de Barrameda, una parcela de 1,6 hectáreas de la Platera.

Fermentación espontánea y vinificación en barrica bordelesa usada durante 11 meses con sus lías. Exuberante en aromas a manzana, fruta de hueso, hierbas silvestres y piedra seca. Entrada delicada, textura sedosa, equilibrio, volumen sin pesadez gracias a la buena acidez que le aporta frescura. Final salino persistente. Sus propios viñadores dicen que su temperatura recomendada de servicio es de 13-14 grados, porque la uva palomino adora el aire y el calor. Un vino extremo para algunos, pero que nunca os dejará indiferentes por su textura y porque marca una nueva tendencia para los vinos de Cádiz, en particular, y de los blancos profundos en general. **Meritxell Falgueras**

94
LA VANGUARDIA
PUNTOS

Tosca Cerrada Palomino Fino en Rama 2021

VT CÁDIZ. MARIO ROVIRA (Sanlúcar de Barrameda, Cádiz)
100% palomino fino 8 meses
25€

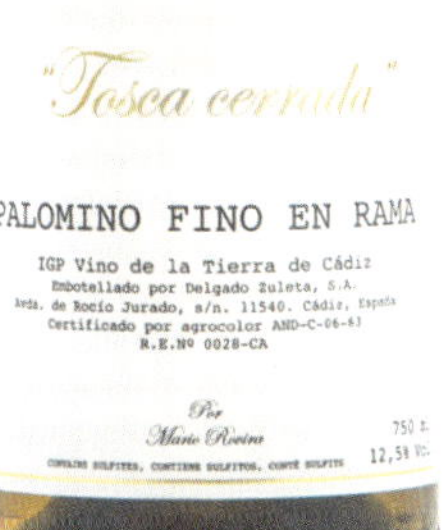

En el corazón del Marco de Jerez, donde la historia del vino se escribe con levaduras y albarizas, Mario Rovira firma un blanco que va a contracorriente, precisamente por eso emociona.

Tosca Cerrada es un palomino fino radicalmente puro, nacido de dos pagos emblemáticos, Balbaína y Miraflores. Un blanco vinificado sin red, sin maquillaje, sin concesiones. No está fortificado, no ha sido clarificado, ni filtrado, ni estabilizado en frío. Ha pasado 8 meses en barricas muy viejas de manzanilla, lo justo para acariciar el velo y adquirir esa pátina salina que recuerda el carácter biológico de los grandes vinos del sur, que tantas alegrías dan. Embotellado en rama, sin sulfuroso añadido, que le confiere una textura cruda, eléctrica, que vibra en boca con una energía casi telúrica.

La nariz es contenida, austera, pero profundamente expresiva, tiza húmeda, piel de limón, flor marchita, almendra cruda. En boca es seco, recto, con una tensión cortante que limpia el paladar y prolonga el recuerdo. Un vino de paisaje, más que de bodega.

He querido incluir el *Tosca Cerrada 2017* entre los 100 vinos imprescindibles de este año porque representa una nueva mirada sobre la palomino fino, desde el respeto a su origen, pero sin las ataduras del sistema tradicional. Es un vino libre, de autor, pero también profundamente jerezano. Apenas 1.000 botellas que hablan en voz baja, pero con una claridad difícil de olvidar. Si tienes prevista una cena con cocina japonesa, es el vino ideal ¡sin duda! **Zoltan Nagy**

94 LA VANGUARDIA PUNTOS

Vinya Bellpla Xarel·lo 2024

DO PENEDÈS. BELLPLA VINS (El Pla del Penedès, Barcelona)
100% xarel·lo 5 meses
24€

Siempre he creído que quienes mejor elaboran vino son quienes mejor saben catarlo. Y en eso, la sensibilidad de César Cánovas es extraordinaria. Sumiller y formador de referencia, fue el gran nombre de su generación, un mito en el arte del maridaje y el servicio, que ganaba todos los campeonatos de sumilleres a inicios de este siglo XXI. Catar vinos de todos los rincones del mundo le dio una perspectiva global, una comprensión profunda de qué significa un gran vino.

Junto a Natalia Boada, formada en gestión vitivinícola y estudios de sumillería, decidieron en 2023 transformar las 3 hectáreas de viejas viñas familiares en un sueño compartido: el proyecto Bellpla, nacido durante la vendimia de 2022, entre conversaciones e intuiciones.

La finca, plantada en 1939, 1978, 1992 y 2016, guarda la memoria viva de cuatro generaciones de la familia Boada. Viñas de macabeo y xarel·lo que miran al cielo del Penedès, con raíces profundas en terrenos calcáreos. El xarel·lo más joven fermenta en acero inoxidable y cría sobre lías con *bâtonnage* semanal; el de cepas viejas fermenta en toneles de castaño local y pasa 5 meses sobre lías antes de reposar en acero. Solo 1.542 botellas. El vino deslumbra, mineral, con alma de Chablis, aromas de pedernal y fruta blanca. En boca, frescura, tensión y un profundo final salino.

Cánovas y Boada son la nueva revolución del Penedès: conocimiento, sensibilidad y respeto absoluto por la tierra. Juntos encarnan el maridaje perfecto, dos trayectorias que, al encontrarse, transforman el vino en una declaración de principios. **Ferran Centelles**

93 LA VANGUARDIA PUNTOS

Cuatro Rayas Longverdejo 2022

DO RUEDA. CUATRO RAYAS (La Seca, Valladolid) 100% verdejo 8 meses 16€

Longverdejo representa la puesta en valor de la longevidad y capacidad de envejecimiento de la verdejo, en colaboración con el Instituto de Investigación de la Viña y el Vino (IIVV) de la Universidad de León.

Concebido sobre tres pilares. La recuperación de levaduras autóctonas en varias bodegas tradicionales del pueblo de La Seca. La selección de los verdejos en vaso más viejos de los socios de la cooperativa, algunos de 80-100 años. Y la triple elaboración, en inoxidable, en hormigón ovoide y en barricas de 500 litros, con ensamblaje de los tres vinos y crianza de 8 meses. Complejo, maduro y varietal. Amplio repertorio de albaricoque, especias, notas minerales y salinas. Mejorará en botella, pero ya apunta que la nueva etapa de calidad y prestigio de la DO Rueda serán los verdejos de guarda.

En su 90° aniversario, la Bodega Cuatro Rayas (1935-2025) le encargó al catedrático de historia Enrique Berzal de la Rosa que documentase la historia de la bodega y lo que encontró realmente reescribe la historia del verdejo. La cooperativa reclamaba la DO Rueda desde 1946, con *"nuestra extraordinaria uva verdeja"*, cuando el 84% era palomino. Nadie en los años setenta imaginaba vinos blancos jóvenes, frescos y afrutados. Menos aún, con verdejo. En 1975 fue clave la llegada a la cooperativa del enólogo Ángel Calleja, que definió este nuevo estilo de vinos blancos jóvenes, frescos y afrutados. En 1976 nació aquel primer vino blanco joven, 100% verdejo, precursor de lo que hoy son los vinos blancos más vendidos de España. **Lluís Tolosa**

93 LA VANGUARDIA PUNTOS

Valché 2020

DO BULLAS. BODEGAS MONASTRELL (Bullas, Murcia)
100% monastrell 15 meses
29€

Uno de los mejores descubrimientos de este año, durante los meses que visité todas las bodegas de las rutas del vino de Bullas, Yecla y Jumilla, como asesor del gobierno regional para el impulso del enoturismo en la Región de Murcia.

Bodega Monastrell es el proyecto personal del matrimonio formado por Alfonso y Mavi, herederos de una larga tradición agrícola familiar, desde 1849. Sus viñas son únicas, entre sierras y pinares, en una finca familiar de 20 hectáreas en el precioso valle del Aceniche, a 850 metros de altitud.

Alfonso García es el pionero de la DO Bullas en la viticultura biodinámica. Su visita al viñedo es una clase magistral de biodinámica, llena de sensibilidad y respeto por la naturaleza. Sus viejas viñas en vaso, de estricto secano, se diferencian a simple vista, con cepas altas, frondosas cubiertas vegetales y gran desarrollo de biodiversidad. Totalmente orientado a la monastrell, con clones de baja producción, racimo pequeño y grano menudo. Sus vinos son una referencia para muchos enólogos y sumilleres de la DO Bullas. Muy diferentes de los vinos de su primera añada 2005, en busca constante de identidad, ya parece haberla encontrado.

Valché es su máxima expresión varietal de la monastrell sobre los suelos calcáreos del valle del Aceniche, de agricultura ecológica y biodinámica, a 850 metros de altitud, donde en invierno es común ver los viñedos nevados, algo poco habitual en la Región de Murcia. Concentrado y complejo, pura fruta negra madura, confituras, especias, hierbas silvestres. **Lluís Tolosa**

93 LA VANGUARDIA PUNTOS

Alba Abiega desde Zero 2024

DO MONTSANT. ALBA EN RIBERA (Olmedillo de Roa, Burgos)
100% tinta del país (tempranillo) 8 meses 13€

La nueva bodega liderada por Alba Abiega presenta su primer vino, Alba Abiega desde Zero. Así explica su proyecto: "*Todo lo vivido me trajo aquí. Todo lo soñado empieza ahora*".

Riojana de nacimiento, familiar y aventurera, durante su carrera profesional ha vivido en cuatro países diferentes, trabajando en una pequeña *start-up* americana, en una empresa británica del sector de la automoción y finalmente ejecutiva en Tesla. Este proyecto significa dejar los aeropuertos y las grandes salas de reuniones para volver a casa y al campo, con la familia.

Hija de Enrique Abiega, uno de los grandes personajes del sector del vino en Rioja, con más de cuatro décadas de experiencia en Bodegas Palacio, Grupo Faustino, Marqués de Cáceres y la dirección de Bodegas Lan. A finales de los años noventa empezó a comprar pequeñas viñas en Olmedillo de Roa (Burgos), en plena Ribera del Duero.

"*Mi mayor logro no es lo que hice, sino lo que hoy empieza*", así lo vive él, que siempre tuvo el sueño de crear una bodega familiar. Cuidar los viñedos de Olmedillo de Roa y hacer nuestros vinos "*me devuelve a ese estado de paz y sosiego, donde el reloj se detiene y los sentidos despiertan*", así lo vive ella.

Alba Albiega desde Zero es un ribera de elegancia sencilla, muy fácil de beber, sedoso y goloso, con la fruta envuelta en notas a vainilla, tostados, especiados y chocolate negro, con un ligero final balsámico, mineral y a regaliz negra.

Lluís Tolosa

92 LA VANGUARDIA PUNTOS

Cuco Ardal 2022

DO JUMILLA. NIDO DE CUCO (Jumilla, Murcia) 100% monastrell 12 meses 15€

Nido de Cuco, propiedad de la familia Colucho, es la bodega más vanguardista y exclusiva de la Región de Murcia. Se inauguró en octubre de 2024, justo la semana que estuve invitado como padrino de la Matavendimia, la feria del vino y el enoturismo de Jumilla.

Inicialmente se concibió como sede social para invitar a sus clientes del Grupo Sureste, la empresa murciana líder en seguridad. Pero han ido abriendo puertas y ahora ofrecen visitas exclusivas, catas personalizadas, cenas privadas bajo las estrellas, eventos corporativos, bodas entre viñedos y actividades culturales abiertas al público general.

Su arquitectura vanguardista y el diseño innovador son de la firma murciana Zorg Arquitectos, seleccionada tras un concurso de ideas. Destaca el gran mirador bioclimático en forma de anillo que corona todo el edificio y ofrece vistas panorámicas sobre el viñedo y la huerta murciana. Tienen una preciosa sala de catas, gran salón polivalente y zona ajardinada para 400 invitados.

Sus vinos conservan un fuerte arraigo gracias a la continuidad del enólogo Pedro Cutillas, propietario de la bodega preexistente, Viña Campanero, que él mismo fundó y dirigió desde 2002 hasta la compra por parte del Grupo Sureste en 2021.

Cuco Ardal es uno de sus mejores vinos de autor. Monastrell de viñas viejas propias en la Solana del Ardal. Representativo del potencial de la monastrell con crianza, donde la carga frutal típica de la variedad se rodea de amplias notas a ebanistería, tostados, especiados y balsámicos. **Lluís Tolosa**

92 LA VANGUARDIA PUNTOS

Josep Grau Granit 2023

DO MONTSANT. CELLER JOSEP GRAU (Gratallops, Tarragona)
Garnacha blanca 7 meses
23€

Este vino blanco marca tendencia, ya que cada vez se buscan perfiles más afilados y minerales. Entiendo la controversia que genera la palabra *mineralidad,* pero creo que nos entendemos.

La edad de la viña es de 45 años, se trata de una parcela en tres terrazas, ubicada en Marçà, en la comarca del Priorat, en la zona que pertenece a la DO Montsant. Parte de la magia se encuentra en el suelo de granito, de ahí su nombre, con una agricultura bajo el mandato de la biodinámica, algo que facilitan los vientos que acarician la zona.

El responsable del proyecto es Josep Grau, que se instala entre el Priorat y Montsant. En cuanto al trabajo en la bodega, se procederá a realizar un prensado muy suave de unas 7 horas. Posteriormente el vino comienza a fermentar en fudres de roble austriaco de 2.000 litros. La crianza será en los mismos, en torno a unos 7 meses. Nariz muy limpia, fragante y sobre todo mineral. Destacan aromas de manzana, albaricoque, toques cítricos, florales, piedra mojada, con apuntes de hierbas silvestres e incluso especias. La boca es refrescante en todo su recorrido y muy vertical, pero untuosa. El carácter de la fruta en el paso es fresco, la acidez viva y en el final deja una sensación herbácea y sutil sensación de fina madera. Es un vino donde elegancia y carácter mediterráneo se evidencian en cada sorbo. **María José Huertas**

91
LA VANGUARDIA
PUNTOS

Vid'A Vinya d'Amics 2020

DOQ PRIORAT. VID'A (Torroja del Priorat, Tarragona) 80% garnacha negra, 20% cabernet sauvignon 12 meses 29€

A veces te llama un antiguo alumno y te sorprende con un nuevo proyecto ilusionante. Vid'A, la abreviatura de *Vinya d'Amics*, en catalán significa viña de amigos. Así de simple, el proyecto de tres amigos graduados en la Wine Business School de Vilafranca del Penedès, vinculada a la Universitat Rovira i Virgili, unidos por su pasión por el vino, especialmente por la comarca del Priorat.

Guillem Badia, Àlex Tomin y Òscar Rodero iniciaron su aventura en 2020, investigando con diferentes microvinificaciones para perfeccionar su método, que se mueve entre lo artesanal y lo moderno. Su bodega está en Torroja del Priorat, rodeada de viñedos en laderas a 300-400 metros de altitud, donde el terruño y el clima favorecen la creación de vinos de carácter único.

Elaboran sus vinos exclusivamente a partir de 4 hectáreas de viñas propias, con una solana de media hectárea donde la garnacha adquiere madurez, cuerpo y volumen, y el resto en diferentes *costers*, los típicos bancales de las laderas del Priorat. Desde la bodega ven la silueta de la sierra del Montsant, principal responsable del microclima y el carácter de los vinos del Priorat, que representan con una línea en la etiqueta de todos sus vinos.

Es un Priorat con cuerpo, volumen y estructura. Expresa fruta negra madura, especias, regaliz negra y cuero, descubriendo múltiples capas a medida que se va abriendo, ganando en complejidad, con finas notas a hierbas mediterráneas y fondo mineral refrescante. **Lluís Tolosa**

90
LA VANGUARDIA
PUNTOS

Coop-era Xarel·lo Parellada 2023

SIN DO. PARET SECA VINS (Font-Rubí, Barcelona) 80% xarel·lo, 20% parellada 6 meses 19€

En este capítulo de vinos que marcan tendencia siempre intentamos elegir un vino que represente algún proyecto social importante.

Coincidí con Christian Buono en una mesa redonda en Vinum, la feria de vinos del macizo del Garraf, en una jornada que organizaba el ayuntamiento de Olesa de Bonesvalls sobre la actividad agrícola y la conservación del paisaje. Christian intervino como coordinador de Coop-era, un proyecto de inserción sociolaboral y relevo agrario en el Penedès.

Coop-era gestiona cultivos en riesgo de abandono por falta de relevo generacional y mantiene su actividad con personas en riesgo de exclusión social, dentro de la obra social de la cooperativa Actua, que trabaja con infancia y adolescencia en toda Catalunya.

Cultivan viñas, olivos, melocotones y gestionan algunas huertas. Ahora han creado una colección de cuatro vinos de mínima intervención, con las viñas que ellos gestionan y acuerdos con elaboradores locales, con el objetivo de obtener fondos para continuar su obra social.

Hemos elegido este porque nos pareció de una excelente calidad. Elaborado por Ivà Gallego (Paret Seca Vins), con fermentación espontánea de las dos variedades juntas, levaduras indígenas de la propia viña y maceración con las pieles, como un *brisat*, estilo *orange*, con posterior crianza de un tercio en barrica de roble francés y dos tercios en ánfora. Limpio y frutal, recuerdos a melocotón, naranja y cítricos, con un final refrescante a hierbas mediterráneas. Producción limitada de 1.061 botellas, destinadas a la obra social. **Lluís Tolosa**

ALCEÑO 150 A
12,90€

por su excelente relación calidad-precio

La gran variedad de vinos que hemos seleccionado por su relación calidad-precio demuestra que podemos tomar buenos vinos a muy buen precio.

Prácticamente todos los vinos están **entre los 7 € y 12 €**, tanto los vinos tintos como los vinos blancos seleccionados.

Todos ellos en la franja de **90-94 puntos**, es decir, excelentes en relación calidad precio y por lo tanto nuestras compras recomendadas.

Premio Mejor Relación Calidad-Precio para A Kimi (7 €), un auténtico vino de maceración carbónica elaborado de forma tradicional en la Cueva del Americano (Briones, La Rioja), tras recuperar una cueva del siglo XVII, con dos calados, prensa de dos usillos y depósitos de hormigón.

94
LA VANGUARDIA
PUNTOS

Altún Colección de Parcelas 2023

DOCa RIOJA. BODEGAS ALTÚN (Baños de Ebro, Álava) 100% tempranillo 14 meses 12€

Si existiera una consola para jugar al vino, Iker y Alberto Martínez Pangua serían Mario y Luigi: dos hermanos talentosos, pasando pantallas entre viñedos centenarios, saltando de parcela en parcela para rescatar paladares que quieren beber bien. En su universo no hay monstruos ni castillos, sino cepas viejas, suelos pobres y un objetivo claro: provocar el *efecto wow* en quien descorcha una de sus botellas.

Los hermanos Martínez Pangua diseñan esos *'niveles secretos'* desde su bodega en Baños de Ebro. Su Altún Colección de Parcelas es un vino que por solo 12€ juega en la liga de los grandes, con la complejidad de un reserva de Rioja, la concentración de los viejos viñedos, de entre 25 y 75 años, y la fruta negra intensa que solo el secano puede dar. Un vino que *'sabe a caro',* que pide copa ancha y que se disfruta mejor si uno brinda con gratitud a estos dos enólogos de videojuego.

Alberto ha recorrido el mundo, de Nueva Zelanda a Borgoña, acumulando *power-ups* de conocimiento. Iker, un enólogo precoz y perfeccionista, tomó los mandos de la elaboración con apenas 19 años. Juntos forman la tercera generación de una saga que combina tradición, precisión y sensibilidad.

Así que la próxima vez que descorches una botella de Altún, piensa que estás participando en su partida: una misión donde el premio final no es una princesa, sino un vino que hace saltar de alegría al paladar. *Next level unlocked...* o mejor dicho, otra copa, por favor. **Ferran Centelles**

92
LA VANGUARDIA
PUNTOS

Benufet 2024

DO TERRA ALTA. HERÈNCIA ALTÉS (Gandesa, Tarragona)
100% garnatxa blanca
5 meses en hormigón 17€

El nombre del vino es un topónimo árabe que ha perdurado durante muchos años y significa *hijo de Ufet*. Pero aún tiene más significado el nombre de la bodega, por literal: Herència Altés. Esta bodega nace en el año 2010 cuando Núria Altés decide comprar las uvas a su padre, y junto a su marido Rafael de Haan hacen del proyecto una forma de vida.

Unos años más tarde ya se consolida este proyecto en su natal Batea, con más de 60 hectáreas ecológicas. Viñas viejas, entre 30 y 90 años, de garnatxa blanca que dan un vino de alta concentración y mineralidad, situadas a 450 metros de altura. Este blanco con densidad, frescor y estructura viene de la Serra Xalamera, nacido sobre suelos calcáreos y arcillosos, pobres en materias orgánicas, que dan unos vinos ricos en concentración.

Su mimada elaboración, con vendimia manual en cajas de 18 kg, comparte protagonismo con una pluviometría muy escasa y los vientos del garbí y el cerç. El clima es mediterráneo de tipo continental seco, el propio de la Denominación de Origen Terra Alta. En nariz es como un partido de fútbol, el equilibrio entre la fruta blanca madura y la flor blanca, donde siempre marca gol la originalidad de sus especies blancas. Crianza con *bâtonnage* regular de sus lías finas en los mismos depósitos de hormigón, excepto el 12% que lo hará en fudre de roble austríaco de 500 litros.

Meritxell Falgueras

92
LA VANGUARDIA
PUNTOS

Gamonal Prieto Picudo 2022

DO LEÓN. PARDEVALLES (Valdebimbre, León) Prieto picudo 12 meses 12€

Hace tiempo, tuve una exultante época de cazadora indómita. Me pasé ocho años a la caza de buenos vinos por menos de diez euros. No era fácil escribir cada año un libro con cien descubrimientos, así que tuve que desarrollar mis propias estrategias. Mi mejor secreto consistía especialmente en dedicar buena parte de mi trabajo de cata a descubrir territorios poco conocidos y variedades desconocidas. Fue un trabajo duro ¡pero alguien tenía que hacerlo!

En aquellos devaneos periféricos me topé con los vinos de León y con una variedad que me fascinó, la prieto picudo, *prieto* por el color oscuro de los racimos, herencia del leonés antiguo, *y picudo* por la forma de la uva. Los primeros vinos de esta variedad que conocí fueron claretes tradicionales de aguja, algo montaraces y de color rosado intenso. Me costó más llegar a los tintos de esta casta, pero llegué y me encandilaron.

Pardevalles es una de las bodegas impulsoras del desarrollo de la prieto picudo en León y Gamonal es uno de sus tintos de finca. El vino se vinifica con los hollejos, como muchos cosecheros, pero continúa su camino buscando complejidad. Tras la maloláctica, pasa un año de crianza en madera, en el silencio de una bodega subterránea con más de 300 años. Gamonal es un tinto potente, maduro, de buena acidez, con taninos domesticados y bien integrados, con notas de crianza y ese toque de regaliz tan típico de la variedad. Como decía El Principito, *"solo se conocen bien las cosas que se domestican"*. **Alicia Estrada**

92
LA VANGUARDIA
PUNTOS

Motorpsico 2023

DO BIERZO. MICHELINI I MUFATTO (Toral de Merayo, León) 79% mencía, 31% variedades blancas 12 meses 12€

Familia de inquietos y certeros enólogos, que abarcan proyectos a los dos lados del Atlántico. Sus vendimias se desarrollan tanto en Argentina y Uruguay como en este caso en el Bierzo.

Debido al cambio de hemisferios, pueden compaginar los distintos puntos del mapa y hacerse cargo de las diferentes elaboraciones. Su filosofía busca viñedos de antaño, con sus mencías equilibradas y entremezcladas con uvas blancas, cultivadas en laderas altas, frescas y húmedas, custodiadas por los jabalíes.

Su mentalidad está basada en el respeto al lugar y tratan de expresar en cada copa el paisaje y el *terroir.* Este vino tinto se elabora en el pueblo de Toral de los Vados, donde se desarrollan sus uvas tintas con un pequeño aderezo de variedades blancas, en altura y con un clima frío que ofrece salto térmico entre el día y la noche. Los suelos son principalmente de cuarzo y arcilla. La fermentación es espontánea, con un 20% del racimo entero. La crianza se lleva a cabo en cubas de madera, solo para la mitad del vino, el otro 50% en acero inoxidable, durante un año. En cata es jugoso, frutal y sencillo, siendo en este caso el adjetivo sencillo muy positivo. En nariz se perciben especialmente frutillos de carácter fresco, con dominio de fresas silvestres, frambuesas y moras. Ofrece además violetas, toques herbales, minerales y de incienso. La boca es afrutada, equilibrada, con buena acidez, fluida y amable. El cuerpo del vino es medio, con fino tanino y floral en su final.

María José Huertas

92
LA VANGUARDIA
PUNTOS

A Kimi Maceración Carbónica 2024

PREMIO
MEJOR RELACIÓN CALIDAD-PRECIO
LA VANGUARDIA
2026

DOCa RIOJA. LA CUEVA DEL AMERICANO (Briones, La Rioja)
90% tempranillo, 5% garnacha tinta, 5% viura 7€

Los *Lunáticos* son un grupo de amigos que se reúnen todos los lunes en Briones. Ya me han invitado un par de veces y estoy deseando volver. Todo gira en torno a la mesa, los vinos, la comida y la buena conversación. El tema principal es el vino, pero siempre salen historias, muchas historias, lo único que está prohibido es hablar de futbol, política y religión.

Me invitó mi buen amigo Luis Vicente Elías, al que leo y admiro desde hace décadas, con más de cincuenta libros publicados sobre cultura tradicional, especialmente sobre cultura del vino. Nos reunimos en la Cueva del Americano, el proyecto de Chemi y Sonia, él viticultor y ella emprendedora del enoturismo. Son tan sencillos, amables y nobles que te hacen sentir como en casa. Quien quiera que visite bodegas turísticas, pero si queréis disfrutar Rioja de verdad, id a visitarlos.

Poco a poco, fueron rehabilitando la Cueva del Americano con sus propias manos. Es una cueva del siglo XVII en la zona de Caralebro, por sus vistas sobre los meandros del río Ebro, en el barrio de bodegas tradicionales de Briones. Elaboran sus vinos de forma tradicional, en los dos calados excavados en la roca, con prensa de dos usillos y depósitos de hormigón, de sus propios viñedos, con muchas viñas viejas, algunas de más de 120 años. En la planta superior tienen el merendero, donde se come, se bebe y se disfruta el auténtico estilo de vida riojano. A Kimi es un homenaje a un amigo, siempre pensando en la amistad. El tradicional vino de maceración carbónica, joven, fresco y ligero, el vino que yo tomaría cada día, sencillo, amable y noble, como ellos. **Lluís Tolosa**

91
LA VANGUARDIA
PUNTOS

Silvano García 4 meses 2022

DO JUMILLA. BODEGAS SILVANO GARCÍA (Jumilla, Murcia) 100% monastrell 4 meses 9€

Monastrell joven, fresco y goloso. Muy bien elaborado, muy fácil de beber. Pura fruta roja con notas a vainilla, cacao y especias dulces, tras corta crianza de 4 meses en barricas de roble francés y americano. Representativo de los nuevos monastrell de Jumilla, con menos madurez y concentración, más frescos, suaves y ligeros. Para cualquier momento, para todos los públicos.

Bodegas Silvano García es una de las bodegas históricas de Jumilla, con sus orígenes en 1925, ya con la tercera generación al frente. Aunque es una bodega familiar pequeña, ha sido muy relevante en los últimos años, porque Silvano García ha sabido compaginar la presidencia del Consejo Regulador de la DO Jumilla y la presidencia de la Ruta del Vino de Jumilla. Algo totalmente inusual en el resto de rutas del vino de España, pero muy eficaz para la coordinación y cooperación entre el sector del vino y los sectores de la restauración, hostelería y turismo.

Silvano García es una de las bodegas que más apuesta por el enoturismo, por su situación estratégica en el mismo casco urbano, en la calle donde históricamente se alineaban las antiguas bodegas y almacenes de vinos de Jumilla. En la visita se puede conocer la bodega histórica y sus antiguos depósitos de cemento, los primeros de este estilo que se construyeron en Jumilla. Además, disponen de tienda y *wine bar*, a dos pasos de la Oficina de Turismo y muy cerca de los principales monumentos históricos, los bares de vinos y los restaurantes del centro de Jumilla.

Lluís Tolosa

LAN
RIOJA
CULMEN
RESERVA
RIOJA
Denominación de Origen Calificada
Culmen es el punto más elevado, la cumbre
Culmen is the highest point, the summit.
LAN
A MANO
Edición Limitada
de treinta y cinco mil doscientas veinte botellas
RIOJA
DENOMINACION DE ORIGEN CALIFICADA
VIÑA LANCIANO
VIÑEDOS LAN
RIOJA
DENOMINACIÓN DE ORIGEN CALIFICADA
VIÑA LANCIANO
RESERVA

PART OF
SOGRAPE
WINE in MODERATION
ELIGE | COMPARTE | CUIDA
www.lanencasa.com

90
LA VANGUARDIA
PUNTOS

LAN Crianza 2021

DOCa RIOJA. BODEGAS LAN (Fuenmayor, La Rioja)
89% tempranillo, 11% garnacha
15 meses 9€

Este año, LAN han renovado, modernizado y simplificado la imagen de todos sus vinos. La apuesta es potente, porque se posicionan claramente, sin complejos, como los vinos sencillos de Rioja. Así lo expresan: "*Somos LAN, el valiente vino de Rioja. Por eso inspiramos, creamos y compartimos con valentía vinos sencillos de Rioja*".

Debo confesar que llevo cuatro décadas tomando LAN. Con nuestro primer coche, en aquellos jóvenes años ochenta, era el vino que nos acompañaba por las noches, después de esquiar, junto a la chimenea, con mi grupo de amigos de juventud. El LAN Crianza frente a la chimenea, para entrar en calor, el LAN Reserva sobre la encimera, mientras cocinábamos juntos, y el LAN Gran Reserva en la mesa, para acompañar la cena. Fue nuestra introducción a la cultura del vino, siempre los he defendido, con la certeza de que todas las añadas eran el LAN de siempre.

Me atrevo incluso a recomendar el más básico, el LAN Crianza, siempre suave, redondo y fácil de beber, representativo del estilo LAN de vinos sencillos, pero bien hechos. Procedente de incontables viñedos repartidos por la Rioja Alta y la Rioja Alavesa. Simplemente, fruta roja fresca con notas a regaliz negra, tostados y vainilla de su crianza de 15 meses en barricas mixtas de roble francés y americano, con 8 meses más de afinado en botella antes de salir al mercado. Muchas veces, no hace falta más para disfrutar de un buen momento. **Lluís Tolosa**

90 LA VANGUARDIA PUNTOS

Hécula 2022

DO YECLA. BODEGAS CASTAÑO (Yecla, Murcia) 100% monastrell 6 meses 8€

Hécula, el nombre literario de la ciudad de Yecla y el vino más representativo de las históricas Bodegas Castaño. Nacido a inicios de los años noventa, este vino fue clave para pasar de la imagen de los vinos a granel yeclanos a los primeros vinos embotellados de calidad. Con capacidad para ser exportado a más de 50 países del mundo, situó la monastrell en el mercado internacional del vino.

Sigue siendo su vino más vendido, excelente en relación calidad-precio. Monastrell con media crianza de 6 meses en barricas de roble francés y americano. Fruta roja, mermelada de frambuesa, regaliz, vainilla y notas tostadas y torrefactas, con los taninos redondos y golosos.

Bodegas Castaño representa una de las grandes familias del vino en Yecla. Sus orígenes se remontan a Ramón Castaño Santa, que elaboró sus primeros vinos a granel en 1950 y luego fue ampliando el patrimonio familiar con la compra de nuevas fincas. Con la entrada de sus tres hijos, Ramón, Juan Pedro y Daniel Castaño, avanzaron en calidad, creación de la marca y expansión internacional, hasta situar el 90% de sus ventas en exportación.

Su punto fuerte es el viñedo, más de 500 hectáreas plantadas en cuatro grandes fincas en diferentes zonas de Yecla, donde la monastrell se expresa según suelos, orientaciones y microclimas. Porque en Yecla hay dos zonas muy diferenciadas. En Campo Arriba, al norte de la ciudad de Yecla, la viña está a 700-800 metros de altitud sobre suelos calizos y pedregosos. En Campo Abajo, al sur, a 400-500 metros sobre suelos más bien arcillosos y arenosos. **Lluís Tolosa**

90 LA VANGUARDIA PUNTOS

El Hombre Orquesta Blanco 2022

DOCa RIOJA. EL HOMBRE ORQUESTA (Labastida, Álava)
Viura, malvasía, garnacha blanca 9€

El Hombre Orquesta es el proyecto de dos amigos, el enólogo Rodrigo Fernández y Mikel Mujika en la gestión, que se encargan de todo, desde la viña y la elaboración, hasta las visitas y la comercialización. Tras una larga experiencia haciendo vinos y asesorando a otros viticultores de la zona, en 2016 decidieron hacer sus propios vinos en Labastida.

Su primera cosecha fue en 2017, desde entonces han estado creando una amplia variedad de vinos, casi siempre de viñedos viejos de entre 50 y 100 años, mayoritariamente de sus amigos Kepa Arinas y Fito Álvarez, situados en una zona de larga tradición vitivinícola, donde se conservan muchos lagares rupestres, entre Briñas y Labastida, en las mismas faldas del Toloño, que muchos consideran una de las mejores zonas de la Rioja Alavesa.

Destacan por su calidad todos los vinos de su colección 666, todos monovarietales, 100% garnacha, 100% tempranillo, 100% mazuelo y 100% viura. Pero como punto de partida creemos que es mejor empezar conociendo su blanco de entrada, que destaca por su excepcional relación calidad-precio. Todo lo que viene después, va para arriba.

Viura, malvasía y garnacha blanca de viñas de 50 años situados a 550 metros de altitud, entre Briñas y Labastida, con vendimia manual en pequeñas cajas a mediados de octubre. Su equilibrio y expresión vienen de su elaboración en tino de madera y huevo de hormigón, con posterior crianza en los mismos depósitos de elaboración. De gran frescura natural, expresa fruta de hueso y flores blancas, con rico final balsámico. Visita recomendada al viñedo y cata magistral en bodega. **Lluís Tolosa**

por su precioso color rosado

Nuestra selección de este año muestra la gran diversidad de variedades de uva utilizadas para los vinos rosados, preferentemente **variedades tintas**, tempranillo, garnacha, mandó, sumoll, picapoll negro o listán negro, en algunos casos ensambladas con **variedades blancas**, viura, albillo o verdejo.

Premio Mejor Vino Rosado para Ferrera Rosado Seco 2024, un monovarietal 100% listán negro, pura identidad de la viticultura, la altitud, los suelos volcánicos y clima atlántico de la isla de Tenerife, con la altísima puntuación de 96 puntos de Meritxell Falgueras.

96 LA VANGUARDIA PUNTOS

Ferrera Rosado Seco 2024

VC ISLAS CANARIAS. BODEGAS FERRERA (Santa Cruz de Tenerife, Islas Canarias) 100% listán negro 12€

Una bodega que merece muchísimo la pena visitar, con alojamiento en casa rural y observación astronómica mientras se disfruta la cata de sus vinos.

Tenerife es un territorio privilegiado para la viticultura, con suelos volcánicos, clima atlántico y altitud. En este caso, en el sureste de la isla de Tenerife, donde se elaboran vinos ecológicos a 1.000 metros de altura. Unas cepas que se salvaron del incendio del 2023 que rodeó la finca, porque, como dicen, es una tierra bendecida. Hace una década que la cuarta generación ha dado una vuelta más, complementando la viña con el cultivo de calabacines, la producción de miel y el cuidado de gallinas y ovejas en Arafo.

Su Rosado Seco es de color pálido, limpio y vibrante. Es fruto de una maceración pelicular de entre 4 y 6 horas para conseguir extraer su color, para fermentar después varios días a 16 grados con un azúcar residual de 20-25 gr/litro, cuando se para la fermentación con frío para después proceder a su embotellado. Después de la maceración se hace un sangrado por gravedad. Notas a golosinas y flores, delicioso como aperitivo, con quesos, pasta, todo tipo de pescados y postres ligeros.

La gran matriarca, Carmen Gloria Ferrera, es la precursora de muchas bodegueras, enólogas y viticultoras del archipiélago, que continúan la saga en este paisaje protegido en el valle de Güímar. Su abuela y su madre no se doblegaron al machismo que impedía que las mujeres se relacionaran con el mundo del vino, por ello este rosado cobra aún más sentido. **Meritxell Falgueras**

93 LA VANGUARDIA PUNTOS

Abadal Nurva 2024

DO PLA DE BAGES. ABADAL (Santa Maria d'Horta d'Avinyó, Barcelona) 60% mandó, 25% sumoll, 15% picapoll negro 3 meses 12€

Novedad destacada de Abadal, que este año ha presentado este nuevo rosado pálido, seductor y profundamente identitario. Alguien podría pensar que se suma a la moda de los rosados pálidos, pero sin duda lo hace con toda la identidad del Bages.

Solo hay que ver su ensamblaje de variedades, 60% mandó, 25% sumoll y 15% picapoll negro, inequívocamente DO Pla de Bages. Complementando perfectamente la elegancia y frescura de la mandó, la mineralidad de la sumoll y la delicadeza de la picapoll negra, todo envuelto en finas notas balsámicas de sus características viñas rodeadas de bosques.

Un paso más de Abadal en la recuperación y puesta en valor de las variedades históricas del Bages, con una visión moderna y actualizada a los nuevos gustos del consumidor, como hizo en su día liderando la recuperación de la autóctona picapoll. Concibiendo un rosado pálido al estilo del Bages, puro frescor y delicadeza, como explica su enólogo Miquel Palau.

Su ensamblaje de variedades autóctonas se realza durante el proceso de elaboración, con el contacto con sus propias lías durante 2-3 meses, de ahí su cremosidad, a la que hay que sumar la sutileza de un 10% del vino con crianza de 3 meses en barrica de roble de 500 litros, que enriquece su volumen y estructura, muy discretamente, sin ninguna sensación a madera.

Color rosa pálido con reflejos salmón. Intenso y untuoso en boca, con recuerdos a frutillos rojos, suaves especiados, cierta acidez refrescante y ricos anisados, hinojo y hierbas mediterráneas. Mejor tener en frío la segunda botella.

Lluís Tolosa

92
LA VANGUARDIA
PUNTOS

50 Vendimias Rosado 2025

DO CIGALES. BODEGAS SINFORIANO (Mucientes, Valladolid) 80% tempranillo, 10% albillo, 10% verdejo 6€

Cigales es la región del clarete de España. Tierra de tradición y viñedos viejos, donde la mezcla natural de variedades tintas y blancas ha dado origen a un estilo único: el *clarete*. Mucho antes de que existiera el término *rosado*, ya se hablaba de *clarete*.

En 1611, Sebastián de Covarrubias, en su *Tesoro de la lengua castellana o española*, lo definía como un vino claro, mezcla de uvas blancas y tintas. Ningún diccionario de los siglos XVII y XVIII menciona el rosado, y la palabra francesa *rosé* no aparece en nuestra literatura hasta inicios del siglo XX. Así que, más que una moda, el clarete es historia viva del vino español.

En Cigales, ese legado se ha mantenido con orgullo. Sus claretes son vibrantes, profundos, serios, de un color rosado más subido que los vinos provenzales, con una elegancia propia. El 50 Vendimias Rosado de Bodegas Sinforiano, propiedad de la familia Baquero Gómez, encarna ese espíritu con una mezcla de tradición y modernidad.

Procede de viñas de más de 40 años, sobre suelos arcillo-pedregosos y calizos, vendimiadas a mano. Su larga maceración y fermentación del mosto flor dan lugar a un vino de textura vibrante, energía y frescor. En nariz y boca despliega un abanico aromático de granada, lavanda, pétalos de rosa y naranja sanguina, con ese punto de vitalidad, energía y buen rollo, que define a los grandes claretes de Cigales. Es opulento y refrescante a la vez, un vino que seduce y representa la esencia de un territorio donde el pasado y el presente fermentan juntos. El clarete no ha vuelto: nunca se fue.

Ferran Centelles

92 LA VANGUARDIA PUNTOS

La Piconada Rosado 2023

DOCa RIOJA. BODEGAS DIEZ DEL CORRAL (Anguciana, La Rioja)
60% viura, 40% garnacha
12 meses 15€

La familia Diez del Corral está vinculada al mundo de la viña y el vino desde 1880. Fue la primera bodega de Anguciana, fundada en 1920, y la familia siempre se ha mantenido arraigada a su origen en este pequeño pueblo a apenas 4 km de Haro.

Hasta hace poco tiempo vendían la uva a otras bodegas, ya que su actividad principal es el despacho familiar Diez del Corral Abogados, con oficinas el Logroño y Madrid, especializados en derecho, urbanismo e inmobiliario. Pero la nueva generación, sobre todo Juan y Manuel Diez del Corral, también están apostando por su pequeña bodega familiar. De momento elaboran sus vinos y hacen las visitas en una pequeña bodega, sencilla y funcional, pero están recuperando unos antiguos calados a la entrada de Anguciana donde preparan un gran proyecto de enoturismo.

Su viñedo principal es La Piconada, que da nombre a sus vinos, donde una cruz sobre un monolito de piedra preside una parcela de apenas 4 hectáreas plantadas de tempranillo y maturana tinta, con algunas viñas de garnacha tinta y la blanca viura.

Estas últimas, precisamente, son las protagonistas de su magnífico rosado. Viura y garnacha tinta de vendimia manual. Color piel de cebolla, limpio y brillante. Aromático y seductor, con predominio de las frutas rojas, fresa silvestre, frutillos del bosque, con el cuerpo y las notas florales de la garnacha tinta y el frescor cítrico de la blanca viura.
Lluís Tolosa

92 LA VANGUARDIA PUNTOS

Larrosa Rosé 2024

DOCa RIOJA. BODEGAS IZADI (Villabuena, Álava)
100% garnacha 10€

Se trata de un vino rosado muy delicado y perfumado, elaborado en la Rioja Alavesa por la consagrada bodega Izadi. Esta bodega se funda en 1987, custodiada por Gonzalo Antón. En el momento actual es parte del grupo Artevino Family Wineries, compartiendo cartel con otras bodegas emblemáticas en diferentes Denominaciones de Origen de España.

Sus viñas crecen en pequeñas parcelas ubicadas en los pueblos de Villanueva, Samaniego y Ábalos. Sus viñedos de 50 años están plantados sobre suelos pobres, arcillo-calcáreos y a cierta altitud para ser Rioja. Un pilar de la bodega es el respeto al entorno donde se encuentra la viña bien integrada. En cuanto a la elaboración del vino, se hace un prensado suave que se refleja en su pálido color. Su fermentación se lleva a cabo en acero inoxidable y no se procede a ninguna posterior crianza en barrica, ya que el objetivo del vino es que sea muy perfumado y primario en el dominio de sus matices.

De color rosa pálido, brillante y atractivo, especialmente para quien abogue por estos tonos que instauró el estilo de los vinos de la Provenza. En aroma es fresco y goloso. Se aprecian notas a frutos rojos silvestres, frambuesas, cerezas, albaricoque, flores de campo y caramelo. La boca disfruta de buena acidez, el paso es afrutado y sutil, en su final cobran protagonismo los tonos florales.

María José Huertas

92 LA VANGUARDIA PUNTOS

Sinfo Rosé 2024

DO CIGALES. SINFORIANO (Mucientes, Valladolid)
Tempranillo, garnacha, albillo
4 meses sobre lías 9,30€

Cigales es tierra de vinos ancestrales, elaborados con variedades tintas y blancas que crecen en la misma viña y que se recogen y vinifican mezcladas. Antaño, los viticultores plantaban juntas distintas castas para asegurarse que ante las plagas o inclemencias meteorológicas alguna de las variedades se salvaría, por tener entre ellas distintos perfiles de maduración, acidez o color. ¡Sabiduría popular!

Y sí, por eso Sinfo Rosé es una magnífica mezcla de campo, un rosado de finca procedente del pago La Zapata, en Mucientes, en el valle del Pisuerga, elaborado con tempranillo, garnacha y la blanca albillo. Un vino con una pequeña crianza de 4 meses sobre sus lías, nacido como rosado, vendimiado como rosado y vinificado como rosado, con poca extracción, buscando preservar los aromas y los sabores primarios de la fruta. Tiene color de fresas, huele a fruta blanca, cítricos amistosos, anís, y en boca es suave, afrutado y refrescante.

Hay algo que me gusta de los rosados que elaboran los cuatro hijos de Sinforiano Vaquero y Daniela Gómez, segunda generación, hoy al mando de la bodega. Es su capacidad de hacer rosados de perfiles muy distintos, siempre con carácter y originales. Así que este Sinfo Rosé bien puede ser una invitación para conocer su rosado fermentado en barrica, su Liala, legado de viejos claretes, o su Quelías, su rosado de *terroir.*

Si Sinforiano en lugar de ser un señor de Valladolid hubiera nacido en la Provenza, ese "Sinfoguiano Gosé" ¡nos costaría tres veces más!

Alicia Estrada

6
42

por sus delicadas burbujas

Nuestra selección de vinos espumosos está mayoritariamente dominada por la **DO Cava**, pero también hemos seleccionado algunos espumosos imprescindibles etiquetados con otras categorías, como **Corpinnat** o **Conca del riu Anoia**, incluso sin ninguna denominación de origen pero de extraordinaria calidad.

Premio Mejor Vino Espumoso para Juvé & Camps Reserva de la Familia V36, en homenaje a las cincuenta vendimias de su espumoso más emblemático, nacido con aquella primera vendimia de 1976. Meritxell Juvé ha querido poner en valor sus mejores añadas, seleccionando la añada 2009, bautizada como V36 porque es su vendimia número 36.

96
LA VANGUARDIA
PUNTOS

Juvé & Camps Reserva de la Familia V36

DO CAVA. JUVÉ & CAMPS (Sant Sadurní d'Anoia, Barcelona)
50% xarel·lo, 35% macabeo, 15% parellada 180 meses
176€

Juvé & Camps nos organizó la cata de espumosos más espectacular de este año. Presentaban el Reserva de la Familia V36, en homenaje a las cincuenta vendimias del espumoso más emblemático de Juvé & Camps, nacido con aquella primera vendimia de 1976.

En aquel momento, el Reserva de la Familia se concibió para el consumo exclusivo de la familia, de ahí su nombre. Pero con los años se ha convertido en Gran Reserva Brut Nature más vendido del mundo, entre los 50 mejores vinos del mundo para la prestigiosa revista norteamericana *Wine Spectator*.

Meritxell Juvé declaró que para celebrarlo *"quieren poner en valor sus añadas más icónicas"*. Así que Pepe Hidalgo Camacho, director

técnico de Juvé & Camps, cató todas las añadas guardadas del Reserva de la Familia. Y eligió la añada 2009, bautizada como V36 porque es su vendimia número 36. Edición exclusiva de 1.297 botellas en estuche especial conmemorativo.

Ensamblaje tradicional de xarel·lo, macabeo y parellada con larguísima crianza de 180 meses de botella en rima. Sus 15 años de crianza son la prueba de longevidad que aporta el xarel·lo a los espumosos de crianzas extremas.

Sorprende por su magnífica complejidad y frescura. Fruta blanca madura con exhibición de notas a panadería, almendra tostada, mantequilla, mazapán y caramelo de café, con matices finales a brioche de limón, todo integrado por su burbuja fina y cremosa, de final larguísimo, casi eterno. Premio al Mejor Espumoso 2026. **Lluís Tolosa**

TRES NAUS
CAVA 1917 TRES NAUS
1917
TRES NAUS
BRUT NATURE RESERVA
CAVA
Mètode Tradicional
1917
DOMENIO
TRES NAUS
GRAN RESERVA
2017
BRUT NATURE
CAVA
TRES NAUS
CAVA 1917 TRES NAUS
1917
TRES NAUS
BRUT
CAVA
Mètode Tradicional

96
LA VANGUARDIA
PUNTOS

Mas Via 2000

DO CAVA. MESTRES (Sant Sadurní d'Anoia, Barcelona) Macabeu, xarel·lo, parellada 25 años 185€

La elegancia del tiempo en estado puro. La Cavateca es una colección que rinde homenaje a la historia del cava, con ediciones limitadas de larguísimas crianzas. La familia Mestres presenta Mas Via 2000 como una auténtica obra de relojería enológica. Este espumoso, con más de dos décadas de crianza en botella, demuestra que las largas crianzas no son un capricho, sino una forma sublime de expresar el alma del Penedès.

Elaborado con las variedades tradicionales, macabeo, xarel·lo y parellada, procedentes de viñedos seleccionados, Mas Via 2000 alcanza un equilibrio casi imposible entre complejidad, frescura y finura. Las burbujas, diminutas y perfectamente alineadas, ascienden con ritmo pausado formando un rosario delicado y una corona impecable. El carbónico está absolutamente integrado.

En nariz, maduro y noble, aromas intensos a frutos secos, brioche y piel cítrica confitada, con fondo de tiza húmeda. En boca, cremoso, seco y elegante, con acidez firme que sostiene el conjunto y prolonga su final salino y persistente.

Mas Via 2000 representa una forma de entender el cava como un gran vino de guarda. Una rareza que habla del tiempo, del conocimiento y del respeto absoluto por una tradición. Hace unos días, tuve la oportunidad de catar junto a los mejores profesionales de San Francisco, Estados Unidos, este mismo producto de otra añada, más actual, pudiendo en este caso compararlos. Comprobé una vez más el gran potencial que tiene de envejecimiento y cómo sigue manteniendo el mismo carácter mediterráneo. **Zoltan Nagy**

96 LA VANGUARDIA PUNTOS

Noguer Baix Ànima Mundi 2022

SIN DO. AT ROCA (San Sebastià dels Gorgs, Barcelona) 100% macabeo 40 meses 24€

Los vinos de Agustí Torelló son de los que más he descorchado en mi carrera. Eran un clásico en los aperitivos de Cala Montjoi (elBullirestaurante) y aún reconozco su sello: la pureza del macabeo, la precisión en la elaboración y esa delicadeza que solo nace de la experiencia.

En 2013, vivimos con asombro la separación de Agustí Torelló Sibill, uno de los cuatro hijos del fundador de Agustí Torelló Mata, de la bodega familiar. Parecía el final de una historia, pero fue el inicio de otra. Diez años después, en 2023, Agustí inauguró con sus hijos Marta (exportación) y Agustinet (uno de los enólogos jóvenes más brillantes del Penedès) su propio proyecto familiar.

El refrán lo dice bien: no hay mal que por bien no venga. El diálogo entre padre e hijo ha impulsado una visión de mínima intervención y autenticidad. Agustinet ha empujado a su padre a arriesgar, a mirar el vino desde la tierra, más que desde el laboratorio. Es también impulsor de *Vida Penedès*, un grupo de jóvenes que buscan represtigiar el Penedès.

El Noguer Baix es una revelación del método ancestral: un espumoso de una sola fermentación que demuestra que la tradición puede reinventarse. De un único viñedo plantado en 1974. Fermenta con levaduras autóctonas en barricas de roble francés y envejece 40 meses sin sulfitos. Sólo 2.320 botellas. Aromas a manzana asada, hinojo y humo fino. En boca, burbuja delicada, textura firme y un eco de membrillo. Un vino de contemplación. Una joya nacida del tiempo, de la reinvención y del diálogo entre generaciones. **Ferran Centelles**

96
LA VANGUARDIA
PUNTOS

Manuel Raventós Negra 2018

CONCA DEL RIU ANOIA.
RAVENTÓS I BLANC (Sant Sadurní d'Anoia, Barcelona)
70% xarel·lo, 30% macabeo
70 meses 80€

Manuel Raventós Negra es la selección personal que Manuel Raventós hace cada año de los mejores vinos de sus fincas. Simboliza la más larga tradición vitivinícola documentada en manos de la misma familia en toda Europa. Desde 1497, veintiuna generaciones de la familia Raventós han trabajado este terruño de 90 hectáreas en Sant Sadurní d'Anoia. En 1986, junto con su padre, fundó Raventós i Blanc, que se inauguró pocos días después de la muerte del patriarca.

Una vez más demuestran el gran potencial de sus fincas para la elaboración de vinos espumosos. En este caso de la parcela Vinya del Llac i Prat, plantada entre 1969 y 1994, sobre sus característicos suelos arcilloso-calcáreos sobre sustrato de origen marino con gran cantidad de fósiles, representativos de estas parcelas de la Conca del riu Anoia.

Ensamblaje 70% xarel·lo, 30% macabeo, de cultivo ecológico y biodinámico, de una añada 2018 más que especial, inusualmente húmeda y lluviosa (654 mm, frente a los 517 mm habituales), con intensas precipitaciones en primavera, en contraste con las temperaturas secas y extremas de hasta 40o en verano, con una vendimia fresca y de nuevo húmeda y lluviosa.

Elaboración extremadamente cuidadosa, parcela a parcela, con levaduras indígenas de la propia viña. Doble crianza, primero 9 meses en depósito de cemento y luego un mínimo de 70 meses de botella en rima. Brut Nature, sin adición de licor de expedición. Perfeccionista, elegante, profundo y complejo. Edición limitada de 2.300 botellas y 150 mágnums. **Lluís Tolosa**

93
LA VANGUARDIA
PUNTOS

Janes 2021

CORPINNNAT. AT ROCA (Sant Sebastià dels Gorgs, Barcelona)
100% xarel·lo 12 meses
40€

Enraizado en los antiguos territorios del monasterio de Sant Sebastià dels Gorgs, AT Roca ha forjado desde sus inicios una forma de entender el vino profundamente conectada con el paisaje. Su espumoso de parcela, Janes, es la máxima expresión de esta filosofía, expresivo de una viticultura ecológica y regenerativa de secano, basada en las variedades tradicionales, en suelos calcáreos y en una enología de mínima intervención.

La finca se encuentra en las faldas del macizo del Ordal, donde los suelos calcáreos confieren al vino una tensión vibrante y una mineralidad precisa. En la visita a la bodega nos comentaban que en este entorno el vino se acompaña más que se interviene. Y pocos vinos expresan tan bien esa filosofía, con una producción muy limitada, 861 botellas únicas, que nacen de una única parcela plantada en 1948. Janes 2021 es un espumoso de autor, que se expresa con elegancia contenida y profundidad poco común. La nariz revela fruta blanca, notas florales y fondo calcáreo inconfundible.

Agustinet, para los amigos, alma mater del proyecto, tiene una nueva forma de mirar los espumosos del Penedès, desde el origen, la sensibilidad y el compromiso. Es vino espumoso silencioso y preciso, que honra la tierra y el tiempo, que nos recuerda que la belleza no siempre necesita volumen para hacerse inolvidable. En un momento decisivo para los espumosos de calidad elaborados en el Penedès, AT Roca reafirma su apuesta por el territorio y el origen con su incorporación a Corpinnat. **Zoltan Nagy**

93
LA VANGUARDIA
PUNTOS

La Cuvée Reserva 2022

DO CAVA. CASTELL DEL REMEI (Finca Castell del Remei, Lleida)
15 meses 40% xarel·lo, 30% macabeu, 30% parellada
11€

Quiero poner en valor los grades cavas con su mimada segunda fermentación. Esta reconocida bodega de Lleida es más conocida por sus tintos, pero no olvidemos que con su clima mediterráneo continental da espumosos maravillosos como este.

La Cuvée Reserva de Castell del Remei es un cava ecológico que proviene de una cuidadosa selección de vinos cuya crianza artesanal y pausada les otorga esa fina burbuja. Un 40% de xarel·lo, un 30% de macabeu y un 30% de parellada le dan gran estructura y equilibrio en el paladar, dando juego a su acidez y grado alcohólico. Notas aromáticas a manzana verde, miga de pan y lácteos. También a frutos secos, con el componente graso de sus lías, que le suman en amplitud y persistencia.

Las viñas se encuentran en la subzona Comtats de Barcelona. Este castillo-bodega ha sido un enclave estratégico al largo de la historia. Se conservan restos del primer asentamiento íbero de la edad de bronce. Hay indicios de que ya se elaboraba vino en esta finca *bendecida* desde época romana. Es más, se la considera la primera bodega catalana construida con el modelo bordelés, pionera en la implantación de varietales franceses, en crianza y etiquetado. Es la quinta bodega de vinos tranquilos más antigua registrada en España.

Meritxell Falgueras

93 LA VANGUARDIA PUNTOS

Codorníu Ars Collecta Josep Raventós Rosé

DO CAVA. RAVENTÓS CODORNÍU (Sant Sadurní d'Anoia, Barcelona)
70% pinot noir, 30% trepat
60 meses 35€

Gran Reserva Rosé 2015, novedad de este año, en homenaje al legado de Josep Raventós, que hace 150 años lanzó el primer cava de la historia. Elaborado tras una cuidadosa selección de uvas, con las dos variedades habituales en la elaboración de cavas rosados, la internacional pinot noir y la autóctona trepat. Ambas seleccionadas en una de las zonas más frescas de la DO Cava, en la subzona Serralada de Prades, donde la característica más destacable son los suelos de *llicorella,* con componentes pizarrosos que impregna tanto la pinot noir como la trepat de una mineralidad distintiva que les aporta carácter y complejidad.

Las dos variedades se vendimian y vinifican por separado, con cada parcela elaborada en diferentes depósitos de pequeño volumen (500, 1.000 y 2.000 litros), manejando diferentes microvinificaciones y los ensamblajes más equilibrados, sin fermentación maloláctica, para conservar todo su potencial de envejecimiento, como mínimo, 60 meses de botella en rima.

Elegante tono salmón con burbuja fina, muy bien integrada. Sutil, suave y perfeccionista. En boca va descubriendo paulatinamente su complejidad de capas. En la entrada en boca predominan las sensaciones a frutillos rojos silvestres, realzados por su burbuja fina, delicada e integradora. Luego aparece el volumen, las notas cremosas, tostadas y envolventes de su larga crianza en rima. Y finalmente los cítricos finales, tenues y refrescantes. Ideal para cenas románticas. **Lluís Tolosa**

93 LA VANGUARDIA PUNTOS

Pedregosa Clos de Blancs Brut Nature 2022

DO CAVA. CASTELO DE PEDREGOSA (Sant Sadurní d'Anoia, Barcelona) Xarel·lo, macabeo, parellada 18 meses 11€

Clos de Blancs ha sido y sigue siendo la columna vertebral del perfil de elaboración de vinos espumosos de Castelo de Pedregosa, apostando siempre por la variedad xarel·lo como protagonista, fieles al concepto 100% Brut Nature, sin adicción de licores de expedición.

Este Reserva Brut Nature es un clásico, personifica la esencia más pura del Penedès, combinando la tipicidad de la variedad xarel·lo en bancales, la macabeo de la planicie central y la parellada de las zonas más altas. Expresa fruta blanca, notas cremosas, pastelería y tonos a frutos secos de sus 18 meses de crianza en botella, con final más refrescante, cítrico y mineral, muy envolvente gracias a su burbuja pequeña y perfectamente integrada.

Desde noviembre de 2021, también son referentes del enoturismo en el Penedès, desde que inauguraron La Carmeta, su espacio enoturístico donde combinan vinos, gastronomía y paisaje, con visitas guiadas a la bodega, catas de vinos, tienda propia y una terraza-restaurante de más de 500 metros cuadrados con vistas panorámicas sobre el viñedo, donde organizan eventos y actuaciones de música en directo. Son especialmente recomendables sus catas de vinos y cavas maridados con quesos, aunque también se pueden hacer con chocolates. La mejor opción gastronómica es su menú de temporada, que consta de tres entrantes, un plato principal y un postre, maridando los cinco pases con cinco vinos. **Lluís Tolosa**

GOURMET LA VANGUARDIA

Brindis multipremiado

Celebra con Rosé

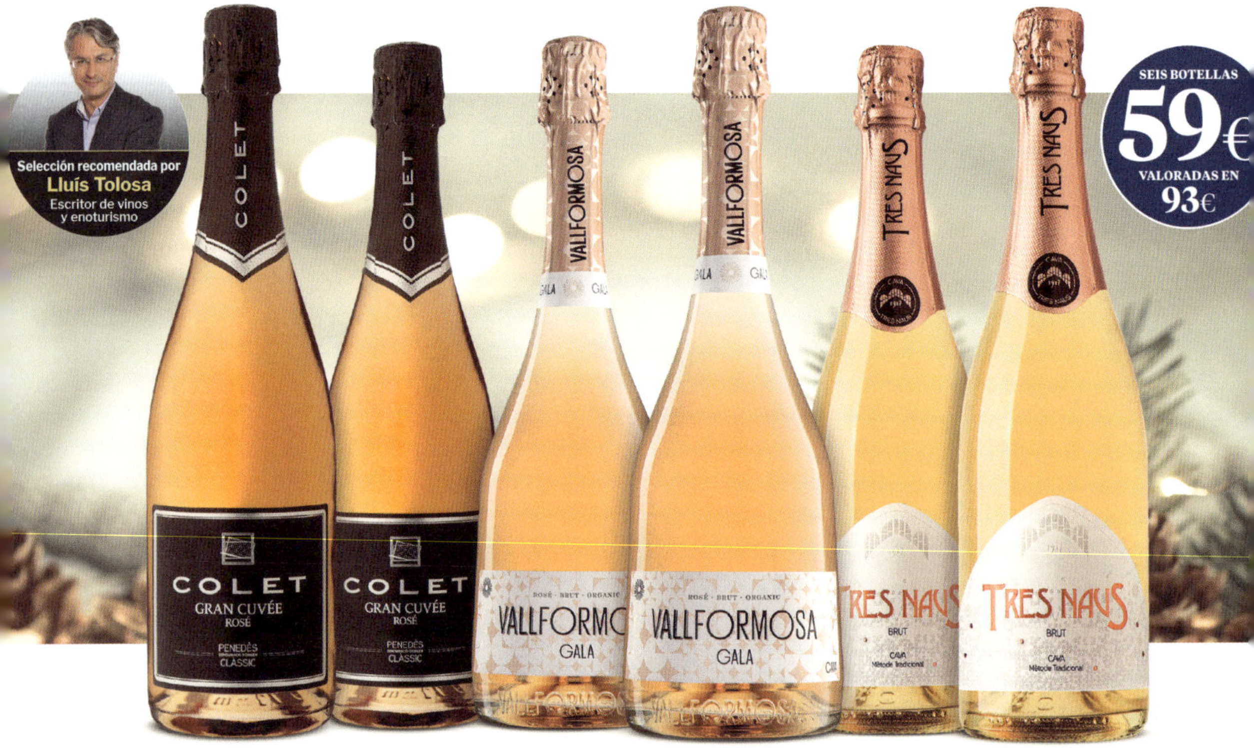

VINYERÓ 100% RAÏM PROPI — 91 PARKER · 91 TOLOSA · 90 PEÑÍN

Colet Gran Cuvée Rosé
DO Clàssic Penedès
50% pinot noir y 50% chardonnay
Colet

Silver 2024 · Decanter World Wine Awards 2024 Bronze — 91 TOLOSA

Vallformosa Gala Brut Rosé
DO Cava
100% pinot noir
Vallformosa

Premio Mejor Relación Calidad-Precio La Vanguardia 2024 — 92 TOLOSA

Tres Naus Brut Rosat
DO Cava
100% trepat
Cellers Domenys

gourmetlavanguardia.com

935 500 105

ACCEDE A LA OFERTA

WINE in MODERATION.eu Art de Vivre

Gastos de manipulación y envío para toda la Península: 5,9 €. Promoción válida hasta agotar existencias. By Mondofino.

93 LA VANGUARDIA PUNTOS

Pago de Tharsys Gran Reserva 2019

DO CAVA. PAGO DE TARSYS (Requena, Valencia) 100% chardonnay 60 meses 29€

Esta bodega atesora más de 50 años en el conocimiento, experiencia y saber hacer en el mundo del cava. Pago de Tharsys está especializada en paciencia y artesanía, algo que se refleja en las largas crianzas que brindan a sus espumosos.

En este caso, monovarietal 100% chardonnay, Gran Reserva Brut Nature y ecológico. La presentación, como en otros cavas de la bodega, tiene una decoración muy especial, con una etiqueta de cerámica que hacen artesanos ceramistas de la región. Con ello tratan de expresar la conexión entre la tierra y la tradición mediterránea.

La uva procede de parcelas situadas a casi 800 metros de altitud, con suelos calcáreos y profundos sobre roca porosa, conocida como toba. Estas condiciones propician un futuro espumoso con larga capacidad de envejecer. En este caso, sin adición de licor de expedición, con crianza mínima de 60 meses en su cava subterránea. Los removidos y el degüello serán manuales, así como el etiquetado.

Color amarillo ligeramente dorado, con fina burbuja y delicada espuma. Su nariz despliega aromas a flores secas, fruta cítrica como limón, fruta de hueso como melocotón, toques herbales y una larga lista de matices de su larga crianza, como panadería, fina levadura, mantequilla y finos tostados. La boca es cremosa, con fina y crujiente burbuja. En el paso de boca destaca la fruta y el equilibrio, orquestados por una buena acidez. En el final repican las notas de la paciente crianza. Ha sido un cava muy laureado y reconocido por la crítica, gracias a su excelente calidad. **María José Huertas**

92
LA VANGUARDIA
PUNTOS

Vinya d'en Ferran Gran Reserva Brut Nature

DO CAVA. JAUME LLOPART ALEMANY (Guardiola de Font-rubí, Barcelona) Pinot noir, chardonnay 36 meses 42€

Jaume Llopart Alemany venía de una larga tradición familiar de viticultores, hasta que decidió empezar a elaborar sus propios cavas artesanales, habilitando el antiguo gallinero de la casa, mientras seguía vendiendo gran parte de sus uvas, como siempre han hecho los viticultores.

Aquellos primeros cavas de pequeñas producciones se destinaron al consumo propio y al restaurante familiar Can Güell, que en aquel momento regentaba su esposa, Anna Güell. A partir de 1997 la producción de vinos y cavas se convirtió en una actividad por sí misma, ampliando sus instalaciones. En el año 2000 ampliaron la superficie de viñedo con la Finca de les Graus, donde también iniciaron la actividad de turismo rural, actualmente bajo la dirección de sus hijos, Olga y Sergi, que compaginan las actividades de viñedo, bodega y turismo, las tres íntimamente interrelacionadas.

Vinya d'en Ferran ya me sorprendió cuando los visité para elaborar mi *Guia d'Enoturisme del Penedès* (2016). En aquel momento ya lo puntué como su mejor cava, incluso lo destaqué entre los mejores cavas del Penedès en relación calidad-precio, después de catar más de 200 vinos y cavas. Siguen fieles a su perfil varietal, pinot noir y chardonnay con larga crianza de 36 meses. Gran Reserva Brut Nature que expresa fruta blanca madura, pastelería y frutos secos, muy fresco para su crianza, con tonos cítricos muy discretos y finas notas herbáceas finales. **Lluís Tolosa**

92
LA VANGUARDIA
PUNTOS

Portell Blanc de Trepat Brut Reserva

DO CAVA. VINÍCOLA DE SARRAL (Sarral, Tarragona) 100% trepat 18 meses 9€

Magnífico cava monovarietal 100% trepat, la variedad tinta, autóctona y característica de la Conca de Barberà. En este caso elaborada como Blanc de Trepat, *blanc de noirs* como dirían los franceses, vinificando una uva tinta para elaborar un cava blanco. Se prensa la uva suavemente, dejando que caiga el mosto flor, por sangrado, como una lágrima, evitando todo contacto con las pieles, que es donde está el color.

Un ejemplo más de la calidad, la identidad y el equilibrio territorial que representan las cooperativas. En este caso, el movimiento cooperativo en Sarral nació con el Sindicato Agrícola (1907) y el Sindicato de Vinicultores (1913). Poco después construyeron la bodega de arquitectura modernista (1914), obra del arquitecto Pere Domènech i Roura, hijo de Domènech i Muntaner. Las dos entidades se fusionaron posteriormente en la Cooperativa Vinícola de Sarral (1959). Su trascendencia socioeconómica es importantísima, porque sus socios suman 1.150 hectáreas de viñedo en una comarca eminentemente rural. Hay muchas tierras, muchos pueblos y muchas familias detrás de esta botella.

Aunque sea un cava blanco, siempre muestra esos tenues recuerdos a frutillos rojos, con esas notas especiadas tan características de la trepat. Fruta de hueso, melocotón, nísperos, frutos secos, avellanas tostadas y notas a pastelería de su crianza de 18 meses de botella en rima, con finos toques cítricos refrescantes. Ligero, fresco y seductor. Excelente relación calidad-precio. **Lluís Tolosa**

92 LA VANGUARDIA PUNTOS

Segura Viudas Brut Reserva 2022

DO CAVA. SEGURA VIUDAS (Torrelavit, Barcelona) 35% xarel·lo, 35% macabeo, 20% parellada, 5% chardonnay, 5% pinot noir 18 meses 16€

Segura Viudas Brut Reserva es un nuevo cava de Guarda Superior. Su imagen está inspirada en la tradicional botella de su emblemático Reserva Heredad, en homenaje a los orígenes de la Heredad Segura Viudas, que se remontan al siglo XII, en plena Reconquista cristiana.

Los enólogos Manel Quintana, director técnico, y Ton Raventós, jefe de laboratorio de Segura Viudas, han concebido un cava que busca el equilibrio y la complementariedad de las principales variedades de uva utilizadas en la DO Cava.

La variedad xarel·lo procede sobre todo de los viñedos situados en la zona litoral, que le aportan estructura, cuerpo, aroma y capacidad de envejecimiento. La variedad macabeo se selecciona principalmente en la plana central del Penedès, aportando cuerpo, frescura y acidez. La parellada se obtiene de las partes más altas del Penedès, donde se desarrolla mejor y adquiere sus características de finura, delicadeza y elegancia. La chardonnay viene del Alt Penedès, aportando cuerpo, intensidad y elegancia. Y la pinot noir, finalmente, se selecciona de diferentes parcelas de toda la comarca, para aportar cuerpo, complejidad y finas notas a frutos rojos.

Tras 18 meses de crianza en botella, se obtiene un Reserva afrutado, fresco y equilibrado. Predominan las sensaciones a fruta blanca madura, ligeras notas tropicales que recuerdan a piña, con matices florales, notas a frutos secos, toques cítricos refrescantes y un suave final goloso, a bollería, con la burbuja fina, persistente y bien integrada. **Lluís Tolosa**

90 LA VANGUARDIA PUNTOS

Anna de Codorníu Icónica

DO CAVA. RAVENTÓS CODORNÍU (Sant Sadurní d'Anoia, Barcelona)
100% chardonnay 9 meses
13€

Anna Icónica es la novedad de Codorníu para conmemorar los 40 años de la primera añada de Anna de Codorníu, el cava más vendido en España. Para celebrarlo, han elaborado dos cavas monovarietales, 100% chardonnay y 100% pinot noir, las dos variedades internacionales que Codorníu introdujo en la elaboración del cava.

Hace cuatro décadas, aquella primera añada de Anna de Codorníu marcó un antes y un después, ya que fue su primer cava elaborado con la variedad chardonnay, con el tiempo convertida en una de las principales señas de identidad de sus cavas.

Anna Icónica también rinde homenaje a Maria Anna Codorníu Rosell, la última mujer de la familia que llevó el apellido Codorníu, hasta que en 1659 se casó con el viticultor Miquel Raventós. Fue una mujer pionera en su tiempo, figura clave en la historia de la casa, ya que en el siglo XVII supo liderar el viñedo familiar, con innovación, carácter y elegancia, considerada por la familia como una leyenda, por su personalidad icónica.

Se presenta en una botella especial de vidrio transparente libre de filtros, que realza la pureza visual del cava y eleva a *premium* la presentación del Anna de Codorníu. El chardonnay procede de viñedos propios de la región de clima más continental de la DO Cava, en la provincia de Lleida, que le aporta más cuerpo, más intensidad y menor acidez. Color dorado pálido, limpio y brillante. Joven, fresco y ligero, con recuerdos frutales a piña, albaricoque y manzana, notas florales y cítricos refrescantes.

Lluís Tolosa

por su método de elaboración

Entre los vinos seleccionados por su **método de elaboración** hemos destacado cuatro métodos diferentes.

Los vinos elaborados separando **cada variedad**, para luego buscar el mejor ensamblaje posible.

La recuperación de métodos tradicionales de elaboración, como la vinificación en antiguas **tinajas**.

La elaboración de vinos blancos como si fueran tintos, con sus propias pieles, *brisat* en Catalunya, internacionalmente conocidos como ***orange***.

Finalmente, una joya de la enología, la elaboración de la misma garnacha con **cuatro crianzas** distintas que dan cuatro vinos diferentes: en barrica de roble, en tinaja de barro, en depósito de granito y sin sulfitos.

97
LA VANGUARDIA
PUNTOS

Viñátigo Ensamblaje Tinto 2023

DOP ISLAS CANARIAS. BODEGAS VIÑÁTIGO (Santa Cruz de Tenerife, Islas Canarias) Tintilla, listán negro, baboso negro, vijariego negro 9 meses 29€

Ensamblaje de variedades autóctonas de las Islas Canarias que exhiben el increíble terruño del norte de la isla de Tenerife. Me encanta que la uva se vendimie y se vinifique por separado, para encontrar la grandeza de cada variedad, cada suelo y cada microclima.

Sus vinos son la culminación de décadas de trabajo para poder expresar la fuerza de los vientos alisios en los suelos volcánicos de las Islas Canarias. Su fundador, Juan Jesús Méndez, además de químico industrial y enólogo, es el presidente de la DO Islas Canarias y de la Asociación de Viticultores y Bodegueros de Canarias (AVIBO), que ha salvado muchas de las variedades autóctonas de Tenerife del borde de la extinción.

En la bodega también tenemos la otra parte del matrimonio, Elena Batista, que justo ha recibido este año el Premio Rafael Armas a la trayectoria personal, otorgado por la Cátedra de Agroturismo y Enoturismo de Canarias y el Premio Enólogo Enomaq 2025. Este proyecto demuestra la crucial importancia de esos pequeños almacenes de biodiversidad que tienen las islas. Apunta esta variedad porque no estoy insultando: baboso negro. Junto a otras, tintilla, listán y vijariego negro, expresan el carácter del viñedo de Tenerife, que va desde el nivel del mar a los 1.000 metros de altitud, en parral bajo o en espaldera. Muchas veces también tiene en su ensamblaje tinto el negramoll, pero no en esta añada. Un gran vino vertical que muestra frutos negros confitados, pimienta negra y recuerdo a setas. Firme y fresco, para vivir una experiencia volcánica en el paladar.

Meritxell Falgueras

95 LA VANGUARDIA PUNTOS

Parotet 2024

DO VALENCIA. CELLER DEL ROURE (Moixent, Valencia)
70% arcos, 30% mandó 18€

Hay lugares donde el vino no se elabora, sino que parece surgir de la piedra y del silencio. El Celler del Roure, la bodega de Pablo Calatayud en Terres dels Alforins, es uno de ellos. Parece ideada por Tolkien, una parada entre la Comarca y Minas Tirith, una cueva secreta, excavada en la entraña de la montaña, donde la historia y la naturaleza se funden. Allí, bajo tierra, descansan las ánforas antiguas que devuelven al vino su tiempo original.

Cuando uno desciende por la escalera hacia la penumbra, el aire se vuelve fresco y huele a arcilla húmeda, a eternidad. Las ánforas, restauradas una a una, duermen alineadas en un semicírculo, como guardianas del pasado. Son 24 de las 69 ánforas que existieron, piezas del siglo XIX hechas en un pueblo cercano, donde fermenta y madura el espíritu del Mediterráneo.

Desde Moixent, Fontanars y La Font de la Figuera, las *Terres dels Alforins* dibujan un paisaje de viñas antiguas, donde el sol y la piedra se equilibran. Pablo Calatayud ha sabido rescatar variedades perdidas, arcos y mandó, delicadas, de colores fundidos, perfectamente adaptadas al nuevo clima cada vez más cálido e inestable. Con ellas nace Parotet, un vino que encarna la nueva mediterraneidad: vinos de sol, sí, pero de alma ligera. En boca, cereza jugosa, monte bajo, romero, tomillo y una fina rusticidad final que recuerda el polvo blanco de la caliza.

Y cuando uno sale de la cueva, después de probarlo, no sabe si ha visitado una bodega o un reino escondido de la Tierra Media, donde el tiempo, como el vino, no se mide en años, sino en asombro.

Ferran Centelles

93 LAVANGUARDIA PUNTOS

Frisach Les Alifares 2022

DO TERRA ALTA. CELLER FRISACH (Corbera d'Ebre, Tarragona) 100% garnacha gris 8 meses en depósito 22€

Se trata de un vino estilo *orange,* los vinos blancos elaborados como si fueran tintos, con sus propias pieles, ecológico y con 8 meses de crianza con sus propias lías. Son vinos cada vez más en boga, que se están volviendo muy gastronómicos por sus particulares matices.

El término *alifara* viene del medievo y se empleaba para definir un gran festín, que celebraba un acuerdo o trato. Esta bodega familiar se fundó en el año 2004, apostando por las variedades autóctonas y la elaboración de vinos de mínima intervención. Los responsables del proyecto son los Francesc y Joan Ferré.

Les Alifares está elaborado 100% con garnacha gris, de viñedos trabajados en ecológico y muy bien integrados entre olivos y otros cultivos de la misma finca. En cuanto a la elaboración, se implanta el método ancestral, donde las uvas permanecen con sus pieles durante 2 semanas para continuar hasta 8 meses de crianza con las lías finas. El color hace honor a su estilo, siendo anaranjado intenso y atractivo. En nariz encontramos notas a membrillo, fruta de hueso como albaricoque, fruta cítrica como naranja confitada, hierbas aromáticas, toques de levadura y flores silvestres. En la boca es terso, fresco, afrutado y equilibrado en el paso. En su final de boca deja una ligera sensación amarga que le da longitud y empaque. Vuelven a aparecer los toques cítricos y florales. **María José Huertas**

93
LA VANGUARDIA
PUNTOS

Peña el Gato Clásico 2022

DOCa RIOJA. Juan Carlos Sancha (Baños de Río Tobía, La Rioja)
Garnacha 11 meses 15€

Robo palabras de Vargas Llosa cuando escribo que las personas sensibles sienten y perciben cosas que para los demás pasan desapercibidas. Así veo yo a Juan Carlos Sancha, viticultor, profesor y doctor en viticultura y enología en La Rioja.

Cuando todo el país disputaba acerca de las mejores variedades internacionales, Juan Carlos con su compañero de universidad Martínez de Toda, catedrático de viticultura, se adentraba en la laboriosa investigación de recuperar variedades autóctonas minoritarias en Rioja.

Mientras muchas bodegas apostaban por el volumen, Sancha hablaba de singularidad. Cuando en Rioja imperaba el monocultivo de tempranillo con arranque de otras variedades propias, Sancha defendía la calidad de la garnacha del territorio, en 1997 incluso inició su proyecto más personal como viticultor en el Alto Najerilla.

Peña El Gato es su viñedo familiar de garnacha, plantado en vaso en 1917. Para comprobar la respuesta del vino ante distintas crianzas, Sancha nos ofrece cuatro variantes con el mismo origen, lo que nos permite observar con transparencia la evolución del vino. Peña El Gato Clásico madura 11 meses en barricas de 500 litros. Peña El Gato Natural nos ofrece la misma versión pero sin sulfitos. Peña El Gato Tinaja nos permite conocer la evolución de la fruta en un entorno de barro de 500 litros. Por último, Peña El Gato Granito muestra la evolución de los vinos en depósitos de granito. ¡No hay mejor clase que la que ofrece un buen maestro!

Alicia Estrada

ÍNDICE ALFABÉTICO DE VINOS

ÍNDICE DE VINOS POR DENOMINACIONES DE ORIGEN

DOCa RIOJA

DO RUEDA

DO SOMONTANO

DO TERRA ALTA

DO VALDEORRAS

DO VALENCIA

DO VINOS DE MADRID

DO YECLA

3 RIBERAS

CONCA DEL RIU ANOIA

CORPINNNAT

PAGOS DE ARÍNZANO

PRINCIPAT D'ANDORRA

VINOS DE LA TIERRA DE CÁDIZ

VINOS DE LA TIERRA DE CASTILLA

SIN DO

ÍNDICE ALFABÉTICO DE BODEGAS

ÍNDICE POR TIPOLOGÍA DE VINOS

Vinos tintos

Vinos blancos

Vinos rosados

Vinos espumosos

Otros vinos